常春藤传记馆

温儒敏／主编

U0889462

两弹元勋

邓稼先传

田丰　著

長春出版社
国家一级出版社
全国百佳图书出版单位

图书在版编目(CIP)数据

两弹元勋：邓稼先传 / 田丰著. —长春：长春出版社，2017.7(2021.11 重印)
(常春藤传记馆 / 温儒敏主编)
ISBN 978-7-5445-4946-2

Ⅰ.①两… Ⅱ.①田… Ⅲ.①邓稼先(1924–1986)–传记 Ⅳ.①K826.16

中国版本图书馆 CIP 数据核字(2017)第 180272 号

两弹元勋:邓稼先传

著　　者:田　丰
责任编辑:高　静
封面设计:楠竹文化

出版发行:長春出版社　　总编室电话:0431-88563443
编辑室电话:0431-88525948　发行部电话:0431-88561180
地　　址:吉林省长春市长春大街 309 号
邮　　编:130041
网　　址:www.cccbs.net
制　　版:荣辉图文
印　　刷:延边星月印刷有限公司
经　　销:新华书店

开　　本:880 毫米×1230 毫米　1/32
字　　数:102 千字
印　　张:7.125
版　　次:2017 年 7 月第 1 版
印　　次:2021 年 11 月第 6 次印刷
定　　价:25.80 元

版权所有　盗版必究
如有印装质量问题,请与印厂联系调换　　印厂电话:0433-6931188

总 序

温儒敏

十多年前，我主持人民教育出版社高中语文教材的编写，其中选修课就专门设置有《中外传记选读》一种，我自己还动手编写了这本教材。因为受高考“指挥棒”影响，一般学校的选修课未必真能让学生自主选修，很多选修教材编出来都没有使用，但《中外传记选读》一直很受欢迎，每年都有重印。这让我对传记的阅读推广有了特别的关注。

我还注意到最近三四年高考语文试题命制的一种趋向，无论全国卷还是其他省市卷，阅读题往往都选传记作为材料。比如今年（2016 年）全国卷的甲、乙、丙三个卷子，文言文阅读的材料全是传记，包括《明史・陈登云传》（甲卷）、《宋史・曾公亮传》（乙卷）和《明史・傅珪传》（丙卷）；现代文阅读的实用类文本也多用传记，节选

了《吴文俊传》和《陈忠实传》。可见传记阅读越来越受到重视，考试也有意往这方面引导。

中小学语文教材也应当多选一些传记。现在教育部正组织编写一套新的义务教育语文教科书，聘我担任总主编，这套新教材就选了不少名人传记，并鼓励学生多读传记。

为什么中小学生要多读传记？我曾在《中外传记选读》的前言中说过理由，这里不妨转述一下：

> 同学们都渴望能拥有健全、快乐和成功的人生，现在的学习阶段就在做准备，而且其本身就已经是你人生经历的一部分。我们该怎样设计自己的人生？当然最重要的还是学习。除了学习文化知识，还要从历史人物或者成功的人物身上学习宝贵的生活道理、人生哲学以及获取成功的途径。这就是励志教育，是人生教育中非常重要的部分。人都需要不断添加生活的动力，特别是在年轻的时候，要有偶像和楷模，有高远目标的激励。如同英国思想家培根所说过的：“用伟人的事迹激励我们，远胜一切的教育。”让同学们从

那些杰出的成功的人物身上吸取人生的经验，从前人多种人生道路的选择中寻找我们各自的“契合点”，这就是我们设立这门课的主要目的。

这里说的“设立这门课的主要目的”，其实也是我们推出这套“常春藤传记馆”丛书的目的。

“常春藤传记馆”丛书由北京大学语文教育研究所组织编写，长春出版社出版。全套丛书初步设定为100种，每本10万字左右，其选目、内容和写法都是为中小学生“量身定制”的。我们希望这套丛书能作为基本图书进入中小学图书馆。和其他同类传记图书相比，“常春藤传记馆”丛书有四个特色：

一是传主覆盖范围广。包括中外古今各个领域的名人，涉及政治、军事、科学、实业、社会活动、文学、艺术、革命等领域。重点考虑有代表性的、在精神层面可以给学生激励的那些名人。

二是和课程教学有呼应。中小学除了语文，各个学科的教材和教学都会涉及中外古今各个领域的著名人物，选择主题首先考虑这一情况，选取学生有所接触又可能希望进一步了解的那些名

人。这可以满足学生不同的兴趣爱好。

三是专门为中小学生编写。本套传记不是专业性强的评传，而是重在勾勒传主生平事业贡献的小传，内容和文字力求深入浅出，生动形象，有趣有味。阅读对象接受水平可以定位在初中程度，也可以稍高一点。特别是有些理科方面的传记，主要面对高中生。其实，小学生的课外阅读也要取法乎上，他们可以读这套为中等文化水平的读者设计的书。

四是内容安排上特别注重励志及健全的人格心理引导培养，在叙说传主生平事迹时，适当地自然地凸显这些方面的思考。

丛书取名“常春藤传记馆”，有特别的含义。“常春藤”是一种多年生常绿藤类灌木。美国哈佛大学等几所著名的私立大学，组成体育联盟，叫“常春藤盟校”，其起名是因为这些老校的校舍墙上常攀缘有常春藤。本丛书以“常春藤传记馆”作为标识，是虚拟的意象，可以联想到著名的学府，也可以联想到古代的书院，从而营造浓郁的阅读氛围和宁静的心境。另外，“常春”和“长春”同音，暗含这套丛书是由长春出版社出版的。

但愿广大师生喜欢这套书，也期盼大家提出批评建议，共同来经营好这套书，让“常春藤传记馆”更好地满足广大读者，特别是中小学生课外阅读的需求，满足语文教学的需求。

2016年6月30日济南历下

（温儒敏，山东大学一级教授，北京大学中文系教授，教育部聘义务教育语文教科书总主编）

目录 contents

第一章
大漠上升起了“两个太阳”

罗布泊平地一声起惊雷

罗布泊是一片充满神奇的土地，它位于我国新疆维吾尔自治区东南部，从高空俯瞰，类似于人耳的形状，因此被誉为“地球之耳”。在古时候，由于罗布泊地处塔里木盆地的最低处，塔里木河、孔雀河、车尔臣河和疏勒河等都汇聚于此。那时的罗布泊湖水清澈、烟波浩渺，周围草木繁茂、胡杨遍布，可谓是人间仙境。然而，受河流改道、气候变迁以及人类活动的影响，湖水面积日渐缩小，导致失去水源滋养的绿洲慢慢蜕变成了沙漠。罗布泊彻底干涸后，渐渐和周围的沙漠融为一体，成为一眼望不到头的荒漠戈壁。从此，罗布泊上无飞鸟、下无走兽、黄沙漫卷、寸草不生，成为名副其实的“死亡之海”。夏季白天最高气温可以达到60℃～70℃，昼夜温差大，有时候刚刚还是艳阳高照，一瞬间又会雨雪纷飞。在这里没有生命，只有满目荒凉，罗布泊就这样逐渐被世人遗忘。

1964年10月16日这一天注定要被载入史册。这一天的下午3时，中国第一颗原子弹在罗布泊爆炸成功，伴随着一声震耳欲聋的巨响，烟云迅速从高耸的铁塔顶端向上升腾，接着形成蘑菇状的大火球，在罗布泊上空瞬时有了一个“新太阳”。那片美丽的“蘑菇云”不仅彻底打破了罗布泊的宁静，同时在全世界也引起了轩然大波，这一刻罗布泊震惊了全球！自此中国正式跻身于世界核大国的行列，彻底摆脱了美、苏核讹诈的阴影，中国人民和海外华人扬眉吐气的时刻终于到来了。

自晚清以来，积贫积弱的中国饱受欺辱，时刻都有着亡国灭种之虞，那时的西方国家架一尊大炮便可以任意凌辱中国。中华人民共和国成立后始终外敌环伺，饱经战乱的中国百废待兴，却始终无法集中精力搞经济建设。而现在，中华人民共和国的同胞们是无比骄傲的，因为他们知道有了原子弹，那些曾经的侵略者再也不敢在中华大地上耀武扬威、横行无忌了。

原子弹爆炸成功后，亲临现场指挥的张爱萍将军迅速将这一特大喜讯向周恩来总理和聂荣臻元帅做了汇报。此时周总理和聂元帅正焦急地等在电话机旁，听到喜讯后马上报告给同样在焦急等候着的毛泽东主席。在请示过毛主席后，周总理迈着大步走进人民大会堂宴会厅，向正在观看大型音乐史诗剧《东方红》的全体人员朗声宣布了这一好消息。顿时，整个大厅一片沸腾、欢声雷动，人们齐声高呼共产党万岁！毛主席万岁！之后又共同唱起雄浑豪迈的《歌唱祖国》。

当晚 10 点，广播里开始播出原子弹爆炸成功的新闻。第二天，《人民日报》刊发号外，宣布中国第一颗原子弹爆炸试验成功！这个重磅消息瞬间传遍中国大江南北，引起万众瞩目、举国欢庆。在北京，十里长安街上人潮涌动，宣传卡车缓缓前行，车上的人分发着刊载中国首颗原子弹爆炸成功消息的报纸。大家都激动不已，有些人更是忍不住热泪盈眶、喜极而泣。全国各地都在尽情分享着中华民族又一次恢复民族自信的伟大荣耀，人们拿着登载第一颗原子弹爆炸成功新闻的报纸涌向大街小巷，相互议论着，一个个笑容满面、喜气洋洋。

不仅是身在国内的中国人为原子弹爆炸成功而骄傲，成千上万居住在海外的华人同样万分激动。由于当时中国贫穷落后，外国人都瞧不起华人。一位在西欧开饭馆的华侨讲述当年的亲身经历，以前他的邻居非常看不起中国人，经常在他的门前倒垃圾。自从中国原子弹爆炸成功的消息传来后，周围的人都向他投来了尊敬的目光，他的门前再也没有人来倒垃圾了，连警察也向他道贺说：“您有这样的祖国，以后再不会有人找您的麻烦了！”

中国是亚洲第一颗原子弹爆炸成功的国家，这让海外华人挺起了腰杆，提高了他们的社会地位。这一天他们心中无限自豪，终于可以扬眉吐气了，他们可以自豪地大声喊：“我是中国人！”如同美籍华人作家赵浩生所写的那样，“当中国第一颗原子弹爆炸成功的新闻传到海外时，中国人的惊喜和自豪是无法形容的。在海外华人的眼中，那蘑菇云是中华民族精神的花朵，那从报纸广播传出的新闻，是用彩笔写在万里云天上的万金家书”。

此时，曾担任过国民政府总统的李宗仁正寓居美国。他在获悉祖国成功爆炸原子弹后不由得心潮澎湃，向来访者动情地说：“西方人终于将我们视为一个智慧的民族。”由此他下定决心要摆脱政治分歧回到祖国。

当时，很多西方媒体是这样评论我国第一颗原子弹爆炸成功的消息的。美国《锤与钢》杂志报道，中国核爆炸成功是对美国的沉重打击。英国路透社记者伯杰在新闻报道中称，中国从此闯入了“世界核俱乐部”。英国《讲坛》杂志则强调，中国是一切民族解放运动的坚定朋友，中国拥有原子弹势必会加强反帝、争取和平和独立的斗争。法新社也认为，中国原子弹爆炸成功大大提高了中国的威望，扩大了革命路线。中国核爆炸的成功在外交上也取得了相当大的胜利，美国再想阻挠中国恢复联合国安理会常任理事国席位就更加困难了。

中国拥有核武器是一件好事，不仅没有像其

他拥有核武器的大国那样给世界蒙上战争阴影，反而加速了世界和平的到来。澳大利亚工党领袖强调，西方国家不能忽视中国的力量。瑞典、芬兰的报纸也纷纷评论中国核试验成功这一重大事件，称赞中国已成为拥有核武器的大国。

从世界各地的媒体报道中便能看到，中国第一颗原子弹的成功爆炸，极大提高了新中国的国际地位，拥有核力量的中国将在世界上产生重大影响。中华人民共和国成立后，有两次恢复并确立民族自信的时刻，第一次是英勇的中国人民志愿军在朝鲜战场上把以美国为首的“联合国军”打得落花流水，第二次就是中国第一颗原子弹的爆炸成功。

令人感到欣喜的是，1967 年 6 月 17 日，我国第一颗氢弹爆炸成功了。

当代中国的“羲和”

让地处偏僻荒漠的罗布泊重新震撼世人的是那些为了实现原子弹和氢弹爆炸成功而付出了青春和心血的数以万计的中国人，他们在这里孕育着中国魂，实现着强国梦。他们对祖国的忠诚，超越了一千个太阳的光华。历史不应也不会忘记他们，他们是大漠英雄，是当之无愧的民族脊梁。而在这些为了国防安全和国家强盛默默付出青春和心血的中国人中，我们永远不能忘记一个人，他就是爱国科学家的杰出代表，中国的“原子弹之父”——“两弹元勋”邓稼先。

在中国古代神话传说中，上古帝王帝俊的两个妻子十分传奇，一个叫常羲，生下了十二个月亮，是月亮之母；另一个叫羲和，生下了十个太阳，是太阳之母。羲和每天驾驭日车从东向西驱使着太阳前进，让人类每天都能见到光明，自然万物得以生长。而邓稼先和传说中的羲和一样让中国人民彻底摆脱掉西方国家核讹诈的阴影，驱散了笼罩在神州大地上的战争阴云，因而被人们誉为当代中国的“羲和”。

人们之所以如此赞誉邓稼先，既与他在研制原子弹过程中所起到的重要作用紧密相关，同时也是由原子弹的巨大威力决定的。不光是中国，成功爆炸人类第一颗原子弹的美国科学家也是将原子弹和太阳联系在一起的。

1945 年 7 月 16 日凌晨 5 点 30 分，在美国新墨西哥州阿拉默多尔空军基地的沙漠中成功试爆了人类第一颗原子弹，随着火球腾空而起，尚未见到天光的沙漠上空顿时变得如同白昼。在现场目睹爆炸情景的科学家们情不自禁地用宗教和神话话语来描述当时的情形：“漫天奇光异彩，有如圣灵逞威，只有一千个太阳，才能与其争辉!”

爆炸冲击波将美国物理学家费米手里握着的一把纸片吹到了几米以外，费米根据纸片飞越的距离测算出爆炸当量相当于大约 2 万吨 TNT 炸药，这已经远远超过了爆炸前科学家们对于原子弹爆炸威力的想象。

中国第一颗原子弹爆炸的当量直到现在仍然没有解密，但根据当时所拍摄的爆炸照片以及爆炸后地面测试物被毁坏的情形来看，与美国第一颗原子弹基本相当，因而在爆炸现场的人们感觉起来自然要比太阳还要明亮。

由于爆炸所产生的亮度太强，为了保护眼睛，亲临现场观看的每个人都要戴着防止光辐射的墨镜。虽然这种墨镜的透光率只有万分之一，但是为了防止伤害眼睛，在爆炸那一刻所有人还必须背朝爆心。距离原子弹爆心 60 千米外的人们在 10 月 16 日下午 3 点整先是看到罗布泊上空亮起了一道强光，然后观察到一团腾空而起的巨大的火球。由此就不难理解为什么距离爆心很远的维吾尔族老人会惊呼罗布泊上出现了“两个太阳”。

太阳照耀万物，给大地带来光明和生机，但同时也会使得山林在高温炙烤下引发火灾，从而给人类带来灾难。在中国古代神话传说中，日神羲和所生的十个太阳原本是轮番出现的，但有一天他们觉得一起出现在天空中肯定十分有趣，因此当黎明来临时他们同时爬上了日车，从而酿下了祸端。十个太阳发出的热量烤干了河流，烤焦了树木，到处是烈焰升腾，将地球变成了一个大火球，人类的生存受到了前所未有的威胁。原子弹的破坏力也是如此。美国原子弹之父奥本海默在原子弹爆炸成功后引用《薄伽梵歌》中的诗句感慨道：“假如一千个太阳的亮光，瞬间照耀天空，世界就像沐浴在天神的光辉中，我将成为死亡之神，毁国毁民。”

1945 年 8 月 6 日，美国为了迫使日本投降，在广岛上空投掷了代号为“小男孩”的铀弹，瞬间便将整座城市置身于火海之中，广岛 24.5 万人口中就有 20 万人伤亡。8 月 9 日，美国又在长崎上空投下了代号为“胖子”的钚弹，致使长崎60%的建筑物被夷为平地，23万人口中的一半或死或伤。短短3天内连续遭受威力巨大的原子弹的袭击，两座城市被摧毁，迫使日本天皇在6天之后宣告无条件投降，第二次世界大战就此结束。

虽然美国投掷这两颗原子弹是出于正义，但对于日本平民造成的伤害却是异常惨重的。在二战结束后，美国凭着拥有原子弹的优势开始对其他国家进行核讹诈和核威胁。中国正是在这样的时代背景下开始着手研制原子弹的，完全是为了维护国防安全的被动之举。因此，当代中国的“羲和”——邓稼先并不是奥本海默那样所自认的“死亡之神”，而是中国乃至世界的和平使者。我国第一颗原子弹的成功爆炸，彻底打破了美、苏等核大国的核讹诈，既使得中国同胞摆脱了遭受核打击的危险，也给全世界带来了和平的佳音。

第二章
出身声名显赫的书香门第

名人辈出的翰墨世家

邓稼先的故乡在安徽省怀宁县白麟坂镇（今属安徽省安庆市宜秀区五横乡）。根据邓氏家谱记载，邓家远祖原本在江西省鄱阳县郊外的农村繁衍生息，元末明初因连年征战安徽人口损失惨重，明太祖朱元璋下令移民，邓家祖先邓君瑞带领全家迁到安徽怀宁县城外 40 里的地方定居下来。这里东面是凤凰河，其他三面被大龙山、白麟山和赤龟山环抱，峰峦叠嶂，风景秀丽，可谓“家在四灵山水间”。群山之下有一块形状如同磐石的平地，取名“白麟坂”，随着世代繁衍，人丁逐渐兴旺后建成市镇，被称作白麟坂镇。镇上路面大都铺有青石板，既整洁又古朴。邓稼先出生的祖屋铁砚山房是典型的徽式建筑，建在平坂中，正处于龙山凤水之间，碧水环绕、翠竹丛生，每到秋季更是桂花飘香，让人感觉如同置身画卷之中，美不胜收。这座祖宅是由邓稼先的六世祖邓石如建于清乾隆六十年（1795 年），买田 40 亩，建有房屋一栋，门首处挂着邓石如亲笔书写的匾额“铁砚山房”。同治六年（1867 年），邓石如之子邓传密又加以重修和扩建，至今已历经百年风雨而屹立不倒，周围人们称其为邓家大屋。

邓石如是清代的书画大家，他写的四体书被誉为“清朝第一”，但他并不恃才傲物，胸有方心而身无媚骨。他在晚年时深受两湖总督毕沅的推崇，客居他乡，后因看不惯官场上的尔虞我诈决定回乡，毕沅挽留不住，便赠送他一方铁砚和千两白银。邓石如推辞不过，为表示感激之情因而将营造的新居命名为“铁砚山房”。铁砚山房是砖木结构，共有四进，60 余间房，第一进为三开间的门厅，第二、三进都是两层楼阁，中间有一座构造精巧的池塘和小园林。

邓家自邓石如之后名人辈出，读书仕进或者

赴外经商，不仅有财有势，在安徽书画界和教育界享有盛誉。邓稼先的爷爷邓艺荪，字绳侯，是清末教育家，曾经做过安徽教育司司长。邓稼先的父亲邓以蛰（1892—1973），字叔存，从小受到其父邓艺荪的严格管教，他少年时代在私塾读书，非常刻苦。在父亲的指导下邓以蛰很小就具有了良好的美学和书画素养，擅长工笔山水画。

1907 年，刚满 15 岁的邓以蛰和二哥邓初跟随陈独秀一起东渡日本留学，先后在东京宏文学院和早稻田中学攻读日文。1911 年夏，邓以蛰回国，在安徽陆军小学堂教日文，他一边教课一边刻苦自学英文，为日后留学欧美做好了准备。1913 年，邓以蛰担任安庆图书馆馆长。1917 年，邓以蛰到美国哥伦比亚大学攻读哲学和美学，从本科一直读到研究生，为以后成为美学家打下了坚实的基础。1923 年邓以蛰因母亲病逝回国。

邓以蛰先是在北京大学担任哲学系教授，结识了鲁迅、闻一多、杨振声等众多新文化运动的领军人物。在清华任教期间，邓以蛰在《晨报》《新青年》等进步刊物上发表了许多著名文章，以独到的见解和奔放的文笔在当时的学术界、思想

界和文学界引起了很大的震动，他呼吁“社会需要艺术家，艺术家也需要社会”，还提出“艺术为民众而存在，音乐家要到群众中去”的主张。邓以蛰在哲学系开设了美学、中国美学史、西洋美学史、中国美术史等课程。他是在中国研究、传播美学的先驱之一。他将画史与画学、书史与书学紧密地联系起来，在中国书画理论研究方面提出了中国书画历来就是有着相当完整的和系统的美学理论的主张。他的美学思想中融入了属于西方美学思想范畴的超功利原则，在我国现代美学史上有着重要的地位。他与另一位美学大家宗白华并称为“北邓南宗”。

1929 年至 1937 年，邓以蛰在清华大学担任哲学系教授。自 1933 年秋至 1934 年夏，他曾经到欧洲游历了一番，到访过英国、法国、德国、意大利、西班牙、比利时和荷兰等欧洲国家的博物馆和艺术馆，考察了欧洲的绘画、雕塑等方面的经典作品，更加深入地了解了西方的美学理论。

邓以蛰终其一生都沉浸在对美学的不懈追求之中，他既博雅多学又具有传统文人的秉性气质。在清华大学任教期间，邓以蛰闲暇时总是喜欢一个人静静地坐在荷塘边，或者独自漫步在浓密的树荫下，在沉思之中领悟哲学的真谛，感悟大自然的无穷魅力，从中得到美的体验。

邓以蛰十分珍爱世代家传的书画作品，即使在无钱治病、全家忍饥挨饿的战乱年代，他也没有卖出过一幅珍藏的书画。1963 年，他毅然将珍藏多年的邓石如书法篆刻精品，以及手抄书籍全部捐献给国家。为此，故宫博物院专门举办了“邓石如先生诞辰 220 周年纪念展览”。邓以蛰还与梁思成发起成立了清华大学中国艺术史研究委员会，组建了清华大学文物馆，开启了清华大学收藏、教学、研究并重的艺术史传统。清华园优雅的文化环境和书香气息，邓以蛰矢志不移的爱国心与锐意进取的事业心，是子女最好的精神文化给养。

邓以蛰亲历过清朝末期的腐败统治和军阀时期的连年混战，在日本和美国留学期间又亲身感受到身为弱国子民所遭受的歧视和凌辱，因而有着强烈的爱国情感和民族自尊。由于他长期患病，身体虚弱，所学的又是文科，无法直接报效祖国，因此他经常叮嘱儿子邓稼先一定要热爱祖国，努

力学好科学文化知识，为祖国的强盛贡献力量。

邓稼先的母亲王淑蠲，出身望族，聪慧贤德，是古镇上最端庄美丽的女子。她虽然是个大家闺秀，但是自从和邓以蛰结婚以后，无论干农活还是做家务，都任劳任怨，勤勤恳恳。她待人宽容厚道，从不和别人发生口舌，也不会在别人背后搬弄是非。有一次，她看到佣人的衣服实在是太破旧了，慷慨地把娘家陪送的布匹拿出来让佣人做衣服穿。人们都称赞她是一位宽宏大度、仗义疏财的好人。

“稼先”名字的由来

1924 年 6 月 25 日，邓稼先出生在铁砚山房第二进的西侧住房，上面有两个比他分别大 10 岁和 6 岁的姐姐。长子的出生给这个翰墨世家带来了新的希望，为了给长子取名，邓以蛰和王淑蠲夫妇二人颇费了一番心思。

中国自古以来就十分重视起名，形成了独特的学问和文化，有着许多的讲究。从命相到时辰等各个方面都要考虑到，五行中缺少什么还要在名字中补上。比如鲁迅的小说《故乡》中的人物闰土，之所以在名字中带上“土”字就是与他五行缺“土”有关。在中国古代不知从什么时候起还有名字避讳的说法和习惯。普通人的名字或者是历史传说中的神话人物都不能和皇帝的名字重字，如果重字了就要改名或者用缺笔代替。比如汉文帝的名字叫刘恒，为了避讳与皇帝的名字相同的发音，神话传说中的“姮娥”便被改成了现在为我们所熟知的“嫦娥”。中国历史上最后一个状元是清末河北的刘春霖，据说他原本只是第 6 名，连探花也够不着，但因为名字听起来寓意好，也没犯忌讳而被慈禧太后点为头名状元。

虽然起名字时的许多学问在很大程度上是迷信，并没有什么科学根据，但由于名字是要伴随人一生的，因此即便是学贯中西的邓以蛰也对儿子起名一事格外重视，一心想为儿子起一个不落俗套又有良好寓意的名字。他对妻子王淑蠲说：“唐宋八大家之一的苏洵，给他的两个儿子取名为苏轼、苏辙，也是煞费了苦心的。为此，他还专门撰写了一篇散文《名二子说》，特地说明了‘轼’和‘辙’二字的微言大义，这足见古人对命名的审慎。”

为了给儿子取个好名字，邓以蛰在书房来回踱着方步，透过窗户，他望着夏天时节充满生机、满眼翠绿的田地，只见刚刚吐穗的稻谷正在微风吹拂下向他低头含笑。突然邓以蛰的眼睛一亮，他激动地对夫人说：“我们的儿子就取名为‘稼先’吧！我想起了朱熹的名句‘禾之秀实而在野者曰稼’，反复吟诵，觉得‘稼’字甚好，我儿如能像庄稼那样秀实惠民，岂不善哉，而且‘稼’又同音‘家’字，也包含在老家出世的意思，真可谓一字双关，两全其美。”还没等夫人回答，他又意味深长地说：“‘稼先’这个名字好啊，希望我们的儿子将来能够根植于中华大地，并能早早地秀实和成熟于中华大地，成为造福民众的沧海之一粟。”王淑蠲听了丈夫的一番话也十分赞同，不由得连连点头称是，她看着怀里白白胖胖正在熟睡的儿子，温柔地笑了。

“稼先”，寄予了父辈的美好愿望。在父母的精心培育和教导下，邓稼先后来成为我国核武器研制工作的开拓者和奠基者，成为一名伟大的科学家，造福了亿万民众，是真正的“名”副其实。

第三章
无忧无虑的童年时光

爱好思索的“问题”儿童

1925年，邓以蛰乘着假期从北京回到故乡，他事先已经在北京做好了准备工作，返回时将妻子儿女一起接到了北京。邓稼先那时才8个月大，从此他再未回过故乡。邓稼先一家居住在丰盛胡同北沟沿甲12号的四合院里，这是一座有着明清风格的老建筑，前后有两个院子，后院里有一株丁香树，每到暮春时节便香气袭人，邓稼先从小就很喜欢。几十年后，他还特意到颐和园长满丁香花的后山小径上散步。

小稼先在幼年时代是个总爱问“为什么”的孩子，他经常缠着父亲问这问那，好像永远有问

不完的问题。虽然邓以蛰对儿子要求十分严格，但从不以粗暴的态度对待他，也没有刻意按照成年人的标准来苛责他，反倒十分注意培养儿子的好奇心，总是耐心地回答儿子提出的千奇百怪的问题，使得小稼先能够始终保持着活泼又爱动脑筋的天性，无忧无虑地茁壮成长着。

在他刚学会用 10 个手指从 1 数到 10 时，有一天，他举着一双小手问父亲：“爸爸，我们的手指头为什么只有 10 个？数完 10 个，再往后数，没有手指头了怎么办？”父亲邓以蛰惊喜地看着儿子，儿子提出的问题虽然很天真，很幼稚，但表明小稼先已经知道开动脑筋思考问题了。他一把抱起儿子，亲切地对儿子说：“人有 10 个手指，是老天爷留给我们的。这 10 个手指头除了干活、写字、画图画外，还能帮助我们计算数字。从大拇指数到小拇指，数完左手数右手，数完了正好是 10 个。如果接着往下数，还要从左手的大拇指开始，不过不能再数‘1’了，而要读成‘11’‘12’……因为个位数到 9 以后就要进到十位；十位数再数到 99，就要进到百位。当然，如果数更多的数，光靠手指头是不行的，就要使用算盘等其他辅助工具了。”小稼先虽然对于父亲说的进位制的计数方法没有完全听懂，但他已经明白了数数时手指头不够用还是有解决方法的，便满意地点了点头。

邓稼先的母亲不仅持家有道，做事井井有条，对待孩子们也是体贴入微，教子有方。她曾经接受过良好的传统文化教育，也知道很多传统的民间故事，在夏日晴朗的夜晚她常常坐在院子里给儿子讲故事。小稼先最喜欢听母亲讲《嫦娥奔月》的故事。嫦娥吃了神奇的仙药飞到了月亮上去，月宫里有一棵非常大的桂花树，旁边有个砍树的吴刚，可他永远也砍不倒那棵桂花树，太神奇了！听完故事，小稼先认真地问母亲：“现在还有那种吃下去就可以飞到天上去的药吗?”母亲微笑着说：“稼儿，这是神话传说，人间哪有那种药啊?”小稼先不由得撅起了小嘴，感到十分遗憾，他对母亲说：“要能买到那种药就好了，我真想飞到月亮上去，和神仙一块玩玩。”听了他天真的话，看着他一副十分认真的样子，全家人都被他逗乐了。

第二天一大清早，小稼先刚起床就激动地扑到母亲的怀里说道：“妈妈，你猜我做了一个什么

梦?”母亲摇摇头问他：“什么梦啊？说来听听。”小稼先很是兴奋，手舞足蹈地说：“我梦见我飞到了天上去，还摘了好多星星，大的小的都有，有一颗最亮的星星，我想摘下来送给你，可是它太大了。我摘不下来，我一着急就醒了!”父亲听到了，十分开心地走过来，充满慈爱地摸了摸小稼先的头。他知道小稼先是一个聪明爱幻想的孩子，就夸奖他说：“儿子，有志气，将来一定能把天上的星星摘下来。”

邓以蛰知道儿子爱动脑筋，勤于思考，感到非常高兴，他在解答儿子提出的问题时总是循循善诱，十分有耐心，注重激发儿子的学习兴趣和保护他的好奇心。同时邓以蛰还注意借着回答问题的时候给儿子讲解一些人生道理，抓住时机对他进行启发教育，在开发儿子智力的同时让儿子明白人与人、人与大自然之间和谐共处的关系。

有一次，父亲陪着稼先在院子里玩耍时正好看到一个园艺工人在给树身刷白灰浆，稼先好奇地瞪大眼睛看了一会儿后问父亲：“这是在做什么呀?”父亲对他说：“这是为了保护树木不被害虫伤害，使树木更好地生长。”接着又语重心长地告诉他："树木是人类的朋友，不但能够净化空气，还能在夏天时为我们遮阳，所以我们要爱护树木。"小稼先听懂了父亲的话，从此以后一有空他就忙着去给小树浇水，细心地呵护小树成长。

夏季的一天，父子俩在院子里乘凉，邓以蛰指着一棵古槐说："稼儿，你看，这棵古槐树已经存活二百多年了，现在还能生长得这样茂盛是因为我们都非常注意保护它。而且，它对我们全家也很好。你看它那浓密的枝叶是不是很像一把大伞，把大半个院子遮盖起来，为我们挡住了夏天炎热的阳光，送来阵阵清凉。你们姐弟几人在树荫下玩耍、读书，就会觉得十分凉爽。这棵大槐树还招来许多鸟雀，给你们唱好听的小曲。你说，大槐树是不是我们的朋友？"小稼先不假思索地点头回答："是！"同时他反过来问父亲，"后院的丁香花也是我们的朋友，对吗？"父亲听了小稼先的问话后知道儿子有了举一反三的推理能力，心里十分高兴。他接着对儿子说："人活在世界上不能光为了自己，还要学会与周围的人和睦相处，而且周围的一草一木，一虫一鸟也都是生命，是我们人类的朋友，不要随便就伤害它们。"小稼先一

边听一边不住地点头称是。

邓以蛰就这样将许多人生道理和处世观念通过生活中常见的小事传授给小稼先，使他从小就受到正确的人生观和世界观的指引。

顽皮而又诚实的“老憨”

邓稼先小时候非常顽皮，由于父亲邓以蛰热情好客，时常会有友人来访。见有客人来家时，小稼先常常一边双手抓住门框荡着秋千用脚一蹬把门推开，一边向父母通报有客人来了。当客人进门后，他再将两腿一伸用力把门半关上。小稼先未来的岳父岳母许德珩和劳君展夫妇也是邓家的常客，他们在登门拜访时就目睹过小稼先的这一“绝技”，非常喜欢这个调皮可爱的孩子，还把邓家孩子的调皮事讲给自己的女儿许鹿希听。

小稼先学会了抖空竹，他十分喜欢听空竹发出的嗡嗡声。在熟练掌握抖空竹的技巧以后，他还把家里的锅盖、茶壶盖等抖起来，忽地一下甩上天后再用细绳接住。小稼先还非常喜欢弹玻璃球，他保存了好多漂亮的玻璃球，时常会拿出来在小伙伴们面前炫耀。每当做完功课后，他就会在地面上挖一个小洞，然后趴在地上灵活地用手指夹住弹珠，再用力将弹珠弹出，弹珠就会滚向小洞。后来，邓稼先在美国攻读博士学位期间，在闲暇时还一时兴起，和杨振平一起在草坪上玩起了弹玻璃球的游戏，在一旁摄像的杨振宁拍下了这一珍贵的镜头。

邓稼先的二姐和他年龄差距较小，也非常喜欢他，经常带他去听京戏。小稼先活泼好动，在戏园子里总是不大安分，跑来跑去，东看看西看看，要么用两手抓住舞台边沿两脚打坠儿，要么钻到戏台后面看演员们是怎样化妆和上台下台的。

有一次，他在座位间钻来钻去，一不小心把桌子上的茶壶撞翻在地，瓜子也撒了一地。小稼先自知闯了祸，惊慌失措地看着戏园子的管理员，这时姐姐赶紧过来替弟弟赔不是，并且赔付了钱才算了事。然而，聪明的小稼先还是在不经意间记住了很多的唱腔和唱词，慢慢对京剧着了迷。在他长大以后也能哼唱上大段大段的京戏，捏着细嗓子可以惟妙惟肖地模仿梅兰芳，尤其是《苏三起解》，唱得很有韵味，每当遇到工作劳累或者研究有了重大进展，便时不时地会唱上一段。在

基地工作时他没法去听戏，每逢出差回到北京时一有机会他总是拉上同事一块去戏园子听京戏。

邓稼先的母亲虽然很疼爱他，但却并不溺爱，每当他犯了错误时母亲总会耐心地进行教育，直到让儿子认识到自身的错误后才会停止。

有一年的隆冬时节，整个北平都笼罩在寒流之下，天寒地冻、滴水成冰，小稼先和几个玩伴一起到北海桥游玩。整个北海都被厚冰覆盖着，但冰上却被人凿出了一条宽沟，小朋友们都嚷嚷着：“谁敢跳过宽沟，谁就是英雄！”可他们自己谁也不敢去跳，只是一个劲儿地鼓动别人跳。小稼先看没人敢跳，就按捺不住想尝试一下，于是大喊一声：“我来！”说着他迈开双腿猛地一跳，结果却一脚踏空，扑通一声掉在冰冷的水中。寒气逼人的冰水很快便浸湿了小稼先的棉衣和棉裤，等小朋友们七手八脚把他捞上来后，他的整个身体抖个不停，上下牙齿都在磕碰着打着寒战。

由于害怕穿着湿棉衣被父母发现后责骂，小稼先强忍着寒冷，等到用体温把棉衣捂干后才回家。但他没想到还是被细心的母亲发现了，母亲又生气又心疼地批评他说：“稼儿，你不该隐瞒真相，万一冻感冒了怎么办？以后做任何事情之前要先想一下危险性，如果当时没有人在场怎么办?”小稼先听了之后心悦诚服地点了点头，向母亲保证以后犯错误时他再也不逃避了，要主动承认错误并认真改正。

在父母的严格教育下，小稼先虽然平日里十分淘气，但却十分诚实守信，犯了错误后他也从不推卸责任。在上小学二年级时，有一次小稼先在和同学们玩耍时不小心把教室的窗玻璃给打碎了，老师发现后让他罚站。小稼先规规矩矩地站在那里接受惩罚，即便是老师离开了他也一直没有溜走，直到他的大姐过来交了赔款后才回家。小朋友们认为他不会耍滑，太老实了，给他起了个外号叫“老憨”，但小稼先对此却并不在意，坚持认为自己犯了错就应接受惩罚。

第四章 宽严结合的早期教育

立志做“三不朽”的读书人

邓以蛰在国外留学多年，深受西方文化及其教育理念的影响，不认同严重束缚子女身心的传统教育方式，他在国外写给妻子的信中说：“我们是小孩子的亲爱的父母，并不是他们的阎王。”但邓以蛰对孩子们并不是完全放任自流，他对待孩子们学业上的要求十分严格，只不过更多地会遵从孩子们的自身兴趣因势利导。

邓以蛰发现儿子天资聪颖、爱好学习，而且记忆力很强，读书识字的速度很快，因而 1929 年 9 月小稼先刚满 5 岁时便被送入武定侯小学，成为班级里面最小的学生。武定侯小学位于武定侯胡同里，据说原本是明朝开国功臣武定侯郭英六世孙郭勋府邸的一部分，创办于清朝末年，是北京历史上最悠久的小学之一。

邓以蛰在送小稼先入学的前一天，特意把他叫到书房，叮嘱他说："稼先，明天就要送你去上学读书，成为一个读书人了。古人讲读书人有'三不朽'，你知道这'三不朽'是什么吗?"

小稼先此前从来没有听人说起过，于是摇了摇头。父亲接着对他说："这'三不朽'，就是要'立不朽之德''立不朽之言''立不朽之功'。"

"'立不朽之德'是说一个人上学读书不光是要学知识，同时还要修美德，并把自己一生的美德一代一代传给后人。

"'立不朽之言'是说读书人不仅要虚心学习先人流传下来的知识，而且不能人云亦云，必须要有自己的见解和主张，还要把正确的见解留传给后代，让后人学习。

"'立不朽之功'是说一个人读书识字，学会了本领，就要为社会做贡献，为后人造福，从而建功立业。"

虽然小稼先对于父亲所说的"三不朽"有些

似懂非懂，并没有完全听明白，但他知道父亲的意思是让他好好读书，做一个爱读书的人，懂事的他一边听着一边不断地点头。

邓以蛰非常清楚对于刚满 5 岁的儿子来说“三不朽”是很难完全懂得的，但他依然想让儿子从一开始就受到这方面的教育，等儿子长大些自然会明白的。邓稼先没有辜负父亲的一番苦心，他后来的的确确成了“三不朽”的读书人。

中西合璧的严格教育

邓以蛰对儿子的教育十分严格，除了小学课程之外，他不但亲自辅导儿子学习英文，还让儿子背诵古诗词和熟读“四书”“五经”，从而打下中西文化基础。为了让儿子更好地领会古书的意思，邓以蛰专门请有名的私塾先生教小稼先学习“四书”“五经”。在邓稼先上小学三年级时，父亲又给他聘请了英文老师，等到小学毕业时邓稼先的英语口语和书写能力已经达到高中一年级学生的水平。

每天傍晚邓稼先放学回家后，邓以蛰常常靠在长椅上，手里端着一杯茶，让小稼先站在身边背书。小稼先当时并不完全懂得书中的意思，只是照着书本死记硬背，但这却锻炼了他的记忆力，练就了他后来背诵英文字典的高超本领。

有一次，邓以蛰的好友张奚若来访，他看见穿了一件齐地长袍的小稼先摇头晃脑地在背古书，就忍不住责怪邓以蛰："都什么年代了，还让孩子背这些古董东西？"邓以蛰却笑着回答说："我只不过是想让小孩子从小了解一下中国文化，这对于孩子以后的成长有好处。"那时，邓稼先对商务印书馆印制的一套有上百本的《万有文库》产生了浓厚的兴趣，总是爱不释手。邓以蛰看到后，便对儿子加以引导和鼓励。正是在父亲的指导下，邓稼先沉浸在《万有文库》的文字当中，对自然科学萌发出浓厚的兴趣，立志长大后要当一名科学家。

其实，邓以蛰并非只让儿子读古书，他还指导儿子读了许多外国文学名著。在邓以蛰的书房里有一排排高大的书架，上面放满了各式书籍，给人一种"坐拥书城"的感觉。邓以蛰为了培养小稼先的读书兴趣，对儿子敞开了书房的大门，告诉儿子只要他喜欢看就可以自由翻阅。因此，

邓稼先在父亲的熏陶下从小就对书籍有着强烈的阅读欲望。邓稼先在上小学时便已读过陀思妥耶夫斯基、屠格涅夫和莫泊桑等外国名家的名作，其中屠格涅夫的《爱之路》深深打动了稼先幼小的心灵，他在阅读时还感动地流下了热泪。

《爱之路》讲述的是一只小鸟和一个猎人的故事。一只美丽的小鸟不幸被猎人捉住后放入竹笼里，失去了自由。小鸟不甘心，一直不停地撞击着笼壁，渴望重新飞向蓝天。它不吃不喝，整整撞了一天。到了晚上，猎人回来时被眼前的景象惊呆了，只见笼子已经被撞破了，满头血渍的鸟儿在挣脱笼子后死了，跌落在笼子外的地面上。小稼先为鸟儿拼尽全力追求自由的精神感动了，这在他心里埋下了自由的种子。

邓以蛰为了让儿子夯实中西文化基础，在小学四年级时又让小稼先从武定侯小学转学到四存小学。四存小学位于北京西城府右街南口东侧，紧靠中南海外墙，是当时北京古城中的一所名校，学校聘请的都是当时国内最好的老师，尤其是教数学的曹乐斋老师、教化学的黄怀信老师和教物理的张德强老师等，他们都是当时的名师。学校的办学特色鲜明，课程中西并重、古今俱全，不仅学习数理化知识，理化、生物实验室设备也很齐全，同时还开设中国传统文化课程，教授《左传》《诗经》等古典名著。

邓稼先的父亲邓以蛰和杨振宁的父亲杨武之都是安徽人，都曾留学美国，归国后又同在清华大学任教，在清华园居住时还是邻居，两家只隔着一堵墙，因此结下了深厚的友谊。虽然杨振宁比邓稼先大两岁，但两人从小就常常在一起玩耍，十分投缘。

初春的一天，五六岁的邓稼先和杨振宁在圆明园大水法的石堆旁边玩耍。杨振宁偶然间发现了一枚子弹，他拿给邓稼先看。两人端详了大半天，猜测这枚子弹可能是英法联军侵略中国时留下的。邓稼先平时就听大人们讲过英法联军火烧圆明园的故事，他望着已成残垣断壁的圆明园，握着这枚子弹对杨振宁说："我长大后要造一枚最厉害的子弹，看谁还敢欺负中国。"

邓稼先小学毕业后最初是在离家较近的志成中学读书。杨武之在一次闲谈中劝邓以蛰让邓稼先转入崇德中学，他的儿子杨振宁就在这所中学

住校读书，虽然每期学费需要数十元，相对较为高昂，但数理化和英文教学水平很高，比偏重古文教学的志成中学要好得多。崇德中学始建于1911年，是由英国人开办的私立教会学校，坐落在西城区西绒线胡同33号，既有初中部又有高中部，是当时北京最早的完全中学之一，许多清华大学教授的子弟在此就读。邓以蛰听了之后有些心动，为了让儿子能顺利通过入学考试，他亲自辅导儿子学习英文，在他的悉心指导下邓稼先的英文水平很快便得到提升。邓以蛰还专门聘请了一位管先生辅导稼先数学。稼先勤奋苦读，进步很快，在1936年暑假顺利考入崇德中学，插班进入初中二年级，比杨振宁低两届。

外号“老憨”的邓稼先性格忠厚老实，由于个子也比班里的其他同学矮小些，因此有时会受到同学欺负，外号“杨大头”的杨振宁常常出面保护这个小弟弟。多年以后，邓稼先的妻子许鹿希曾经问过他为什么那时爱和比他大两岁的杨振宁玩。邓稼先这样回答说：“因为杨振宁不仅富有正义感，而且还从不欺负人，我们两个人在一起很玩得来。”他们俩在课余时间常一起用手掌当拍子打墙球玩。

在杨振宁的影响下，邓稼先对于数学、物理等课程产生了浓厚的兴趣。崇德中学距离清华园较远，所以邓稼先的母亲常常会做些可口的饭菜送到学校。有一次，母亲到学校送饭时看到稼先正从楼梯扶手上飞快地下滑，她顿时吓了一跳，惊叫道："我的儿，摔下来可怎么得了……"邓稼先朝着母亲扮了个鬼脸，接过母亲送来的饭菜后，跑着去找杨振宁，俩人一起分享母亲带来的美食。

有一天，杨振宁在父亲的书柜里找到一本《自然哲学的数学原理》，他看后十分兴奋，拿来和邓稼先一起阅读。书中讲述了牛顿运用力学观点分析日月星辰运行规律的故事，两人都被书中的内容深深吸引住了。杨振宁一边看着，一边向邓稼先介绍说科学家哈里根据牛顿的原理，在1705年成功推算出一颗彗星的轨道，而且还预测这颗彗星将会在1758年再次出现，结果在1758年12月15日这颗彗星果真出现了。邓稼先在听了杨振宁的介绍后，对物理学开始感到十分惊奇。邓稼先和杨振宁朝夕相处，亲如兄弟，稼先在数学和物理方面都得到了高他两个年级的杨振宁的热心帮助，对理科逐渐产生了浓厚的兴趣。

在崇德中学读书期间，邓以蛰一方面担心儿子转学后是否能跟得上课程进度，另一方面也想看看儿子能否在数学上取得更大的进步，于是他又专门聘请师大附中的李老师给儿子补课。邓稼先在李老师的悉心辅导下对数学产生了浓厚的兴趣。他对数学的喜爱逐渐达到了痴迷的程度，有段时期他每天都要做数学题到深夜，第二天早晨母亲在帮他整理房间时看到的是满地横七竖八的数学习题草稿纸。

从此以后，邓稼先再也不是以前那个贪玩的少年了，他的兴趣发生了转移，逐渐从对下棋、弹球等娱乐活动的着迷转向对知识的渴求上来。他的阅读范围非常广泛，除了痴迷于数理化之外，他还阅读了大量的中外小说，从中学到了许多做人的道理，加深了他对人生的感悟，尤其是对其中的警句名言牢记在心、念念不忘。他时常会将自己的阅读体验讲给他的弟弟邓槜先听，邓槜先时隔半个世纪后仍然清楚地记得哥哥邓稼先曾常跟他讲起屠格涅夫的《罗亭》里的一句话：“不要做言语的巨人，行动的矮子。”

邓稼先所在的崇德中学由于是教会学校，因此十分重视英文教学，教英文的老师都是外国人，在课堂上直接使用英文和学生进行会话。邓稼先在家中和父亲也常常用英文对话，课外还阅读了大量的英文原著。此时邓稼先还是少年，正是可塑性最强的时期，他的英文发音比起在美国住过几年的父亲还要标准些。因此，邓稼先在崇德中学的两年间英语水平突飞猛进，具备了良好的英文素养，为他日后出国留学打下了坚实的基础。

邓以蛰不仅十分注重对儿子邓稼先的知识教育，而且也教会他如何为人处世。邓以蛰此时兼任北大和清华教授，收入颇丰，家庭经济条件十分优越，但他教育儿子不能对保姆和黄包车夫颐指气使，要尊重底层劳动人民。在父亲的言传身教影响下，邓稼先对待保姆和车夫都十分客气，没有少爷脾气。有一次他还把家里的香烟拿出来让车夫抽，作为陪他下棋的报酬。车夫知道他是个心地善良的好孩子，不但答应陪他下棋，还让他把香烟拿回去。

第五章
艰辛曲折的求学历程

被迫离开北平

邓稼先在崇德中学刻苦读书，1938 年初中毕业时，由于他每学期都名列前三名，因此获得免试保送高中资格，顺利升入崇德中学高中部，在崇德中学又读了一年高中。

1937 年，在邓稼先 13 岁时爆发了震惊中外的“七七事变”，日本侵略者开始了全面侵华战争，不久便占领了北平。由于崇德中学是英国人办的教会学校，此时日本还没有向英国公开宣战，因此并没有受到太大的影响，邓稼先平稳度过了一段读书生活，但校园外却已经发生了天翻地覆的变化。日本宪兵队以占领者的姿态规定中国人遇见日本宪兵时必须鞠躬行礼，否则便要遭受惩罚。邓稼先不愿受此屈辱，为了避开日本人的岗楼，他在上学放学时经常要绕很远的道，为此上学迟到受到学校的处罚他也心甘情愿。这种对侵略者的痛恨，源自他有一个爱国的父亲。

邓以蛰是一个爱国人士，他的满腔爱国之情深深地影响着邓稼先。邓以蛰经常教育子女要热爱祖国，努力学好本领将来保卫祖国。他本人也并不是像有些人那样将爱国仅仅停留在口头上，而是付诸实际行动中，通过言传身教来感染和教育子女。

他在担任清华大学教授时，有一次到欧洲考察，同行的有一个名叫艾克的德国籍清华大学雇员。艾克在船上粗暴地辱骂中国劳工，还用手杖殴打中国劳工。邓以蛰立即上前制止，指责艾克："你不应该这样野蛮无理地对待中国劳工。"艾克一脸不屑地问邓以蛰："邓先生，你认识这个劳工?"邓以蛰义正词严地回答说："他是和你一样平等的人，对于不认识的人你也不能随意侮辱，侵犯人权。"艾克不以为然地说："哼，对待东亚病夫用不着讲人权。"邓以蛰听到此言后十分愤

怒，为有这样的同事感到耻辱。

考察结束返回祖国后，邓以蛰在全校教授会上当众揭露了艾克的恶行，他说："清华大学作为中国的高等学府，决不能聘用艾克这样歧视、侮辱中华民族的人！"邓以蛰的话在教授们中间引起强烈的共鸣，大家纷纷要求校方辞退艾克，最终艾克不得不灰溜溜地离开了清华大学。邓稼先在听父亲讲述这个故事后深受教育，决心要像父亲一样热爱祖国，坚决维护民族尊严。

中华民族全面抗战开始后，为了保存民族教育的精华，包括北京大学和清华大学在内的高校纷纷南迁，邓以蛰由于此时患有严重的肺病，经不起长途跋涉而不得已留了下来。在学校南迁后他失去了工作，为了治病他需要花费高额的医药费，孩子们还要上学，全靠以往为数不多的积蓄勉强维持，生活十分拮据，不得不变卖一些物品。邓以蛰的好友张奚若在南下前曾经把许多珍贵的书籍和收藏的古董托付给他代为保管，在抗战胜利后邓以蛰完璧归赵，分毫也没有少。张奚若在东安市场的旧书店里却发现了许多邓以蛰售出的用法文签名的书籍，一时间百感交集。

为了节省开支，一家人还在园子里自己动手种了一些蔬菜。邓以蛰原来的一位同事投靠了日伪政府，这位同事看邓家生活很困难，便想乘机动员邓以蛰投靠日本人。有一天，他来到邓家，说是想高薪聘请邓以蛰担任教授，哪怕挂个名不去上班也行。然而让他始料未及的是，平常待人和蔼可亲的邓以蛰明白了他的来意后勃然大怒，严厉地斥责了他，表示自己即便是饿死也不会为虎作伥，给日本人出力，替日本人奴化中国人，最后毫不客气地让他滚出去。邓稼先从门缝里目睹了一切，这对他的心灵产生了强烈的刺激和震动，他决心像父亲那样做一个有骨气的中国人，誓死也不当日本人的走狗。

自从日本侵占北平后，还是中学生的邓稼先目睹了日寇的凶狠和残暴，在他幼小的心灵埋下了复仇的种子，立志将来要学好本领，报效祖国，为祖国的强盛贡献出自己的力量。当时日本人在残酷镇压抗日人士的同时，还在中小学校大力推行奴化教育，一时间搞得教育界一片乌烟瘴气。越是如此，邓稼先越是意识到学好本领的重要性，他比以前更用功了，更加珍惜来之不易的学习机会。日本人为了控制中国人的思想，将许多书籍都列为禁书。邓稼先常常到旧书摊去购买被查禁的书籍，一来二去和摊主熟悉了，摊主经常事先将邓稼先要搜寻的书籍准备好，等他过来时便轻声地对他说："喂！小兄弟快来，今天有你要的书。"

邓稼先不仅学习上很刻苦，在课余时间还经常参加一些由进步青年组织的抗日集会，同时还秘密护理过被日伪军警打伤的"抗日救亡宣传团"的队员。

由于家里的经济条件越来越困难，邓以蛰也知道了儿子由于不愿给日本宪兵行礼经常要绕很远的路，便让儿子又重新回到离家较近的志成中学读高二。有一次，日本人召集中小学生庆祝"皇军"取得的军事胜利，给每个中小学生都发了一面日本国旗。邓稼先感到十分厌恶，他愤怒地扯碎了发给他的小纸旗扔在地上，又猛踩了几脚，方才解恨。这一幕被身着便衣的汉奸发现了，他把邓稼先告到志成中学校长那里，要求严厉处理他。校长和邓以蛰是好友，他把这件事搪塞过去后到邓家说明情况，建议邓稼先迅速南下，以免落入日本人手中发生不测。邓以蛰听了校长的一番话后既为儿子有强烈的爱国心感到高兴，同时也担忧儿子的安危，决定让已大学毕业的女儿邓仲先带着邓稼先南下。

在临动身前两天的一个下午，邓稼先骑着自行车载着弟弟又看了一次天安门，他在心里暗暗起誓此次南下一定要加倍努力，争取学到最先进的科学技术，将来报效祖国，让中华儿女再也不受外敌的欺侮。

临走前一天的晚上，母亲含泪做了一顿丰盛的晚饭，但一家人谁也吃不下去。姐弟俩临行前，邓以蛰特意嘱咐儿子要好好学习，以后不要像他那样学文，一定要学对国家更有用的科学。中国之所以落后受别国欺侮，很重要的原因就是科技不如人。邓稼先将父亲的话牢记在心，长大后果然选择了科学救国的道路。在向弟弟告别时他说："我现在只有仇恨，没有眼泪。"

结伴南下的"两个小难民"

邓仲先和邓稼先姐弟二人在父母的殷殷嘱托下上路了，邓稼先依依不舍地别离了父母和生活了近 16 年的北平，开始了他人生中的第一次远

行。他和姐姐乘火车到达天津后，在父亲朋友的帮助下乘坐“津江号”货轮南下，到达上海后住在了父亲的老朋友胡适家中。在胡家住了 20 天后才买到去香港的船票。

在香港停留 4 天后，姐弟俩经香港绕道越南海防，从海防上岸后他们又乘车到达河内，再从河内经过老挝进入中国境内，之后他们再乘坐马车，一路颠簸，最后于 1940 年的盛夏抵达昆明。

先行到达的汤用彤教授已经在老友邓以蛰的嘱托下替姐弟俩安排好住处。当晚，父亲的好友和同事杨武之、张奚若、闻一多等西南联大（全称“西南联合大学”）教授纷纷前来看望他们。闻一多先生见到他们俩就笑着说：“哈哈哈，这两个小难民能够平安到达昆明，真是幸运啊!”张奚若教授生性幽默，他一进门就高声说：“听说来了两个小难民，快来让我看看。”一边说一边拉着邓稼先姐弟俩充满慈爱地上下端详了一番，笑道：“你们两个小难民能够平安到达昆明，绝对是幸运，比起你们的闻伯伯可强多了。”稼先听了之后很好奇，就问：“闻伯伯怎么了?”张奚若指着闻一多笑道：“他是从长沙一路步行到昆明的。”邓稼先很是吃惊，不禁问了一句：“步行？那得走多久啊！”闻一多笑着回答说：“二月初从南岳动身，到昆明正好赶上端午吃粽子。”张奚若接着说：“你闻伯伯刚到昆明时我还以为他是癞头和尚呢，满头长发和满腮胡须，走路还一瘸一拐的，半天也没认出来是谁，他倒先说话了。”闻一多接过他的话拖着长音学着当时的样子说：“先生，讨一口水喝行吗？”屋子里的人一下子都被逗乐了，邓稼先被长辈们这种乐观的态度所打动，一路奔波的劳累顿时一扫而空。

1940 年 7 月至 9 月，邓稼先先是在昆明升学补习班学习了一段时间。因为没有高中毕业证，按照规定不能直接报考西南联大，邓稼先又在父亲的安排下进入四叔邓季宣任校长的四川江津国立第九中学插班读高三。1941 年 7 月，邓稼先从江津到重庆去考大学。这一天，邓稼先正在江边的小路上走着，恰好遇到日军飞机来轰炸，一颗颗炸弹从高空落下，落到民房上引起烈焰升腾，阵阵浓烟冲天而起。邓稼先和路上行人一起急忙找地方躲避，他贴着山边的石头上眼睁睁看着敌机横行无忌，如入无人之境，地面上却见不到有

任何反抗。这一刻他明白了，身在饱受欺凌的祖国的大后方也并不安全，只有赶走侵略者才能真正过上平安的日子。尚未成年的他无法到战场上杀敌，只能努力学习，学好本领，才能报效祖国，让中国人不再受欺负！这年秋天，邓稼先考入了西南联大物理系，有了新的学号：A-4795。

“八宝饭”和“铁皮屋”的大学生活

西南联大是由全面抗战后南迁的北大、清华和南开三所著名大学合并组成的，是当时中国的最高学府。从 1938 年 5 月 4 日开始上课，到 1946 年 5 月 4 日停课，整整持续了 8 年。在极其艰苦的条件下，西南联大的教授们秉持着严谨的治学态度，形成了良好的学风，培养出一大批杰出人才，被后人誉为“战火中的教育奇迹”。在这里聚集了当时全国最有名的教授，1939 年西南联大包括少数副教授在内共有教授 177 位，占据全校教职工总数的 22.3%，在当时中外大学中绝无仅有。1940 年美国享誉世界的高等学府麻省理工学院的教授比例也只有 22%，民国时期中国共有 81 名院士，其中仅西南联大就有 27 名。

如同原清华大学校长梅贻琦说过的那样，“所谓大学者，非谓有大楼之谓也，有大师之谓也。”有着众多大师的西南联大虽然校舍破旧，没有高楼大厦，却是真正意义上的大学。尤其物理系更是名家云集，吴有训、赵忠尧、林家翘、叶企孙、周培源、吴大猷、王竹溪、张文裕、饶毓泰等知名教授均在此任教。邓稼先的大姐夫郑华炽教授也在物理系任教，并且于 1944 年担任物理系主任。同时，邓稼先的好友杨振宁也在物理系读书。西南联大在抗战期间共培养了 8000 余名学生，在这批学生中涌现出大量的栋梁之材，为中华人民共和国成立后的各项建设事业做出了巨大的贡献，在两院院士中西南联大校友就占了 90 个席位，23 位“两弹一星”功勋奖章获得者中有 8 位来自西南联大。

然而在当年，由于连年抗战导致物价飞涨，西南联大师生们的生活条件十分恶劣，常常食不果腹，苦不堪言。图书馆是用汽油桶和木箱叠加起来做成的。学生宿舍每一大间要住 40 个人，学生们都睡在双层木板床上。房子都是土墙茅草顶的，每逢刮风下雨既透风又漏雨。有些穷苦的学生到了冬天还只穿着单衣单裤，多亏昆明冬季气温不是很低才能勉强凑合着。一到下雪天，他们只好用被子裹着腿在床上看书。整个西南联大只有教室和图书馆通了电灯，像宿舍这样的地方只能点油灯。教室里只有带扶手的椅子，并没有课桌。教室的屋顶大都是铁皮做的，每到下雨时就会叮叮当当响个不停，当暴雨来临时就完全盖住了老师讲课的声音。每逢这时，老师只好停课，让学生们自己看书。

由于物价飞涨，食堂里的伙食也十分差，做的米饭里掺杂有许多的沙子，同学们常常从饭碗里挑出大点的沙子互相打着玩。学校里没有专门的餐厅，只是在图书馆旁搭起的简易大棚里吃饭，起风时沙子饭上又被刮上一层沙尘，同学们戏称这是“八宝饭”。但是就连这样的“八宝饭”也不能管够，如果第一碗盛满了，再去盛第二碗时已经没有饭了，所以有些聪明的同学盛第一碗时只盛半碗，赶紧吃完后再去盛第二碗，这样才能勉强吃饱。每个月改善两次生活，这样的日子就成了学生们翘首以盼的节日。邓稼先相比其他同学的幸运之处在于他能够得到大姐和大姐夫的照顾，在如此困苦的情况下还有机会在大姐的带领下去看看电影。

虽然西南联大位于抗战的大后方，但随着日军侵略的深入，也常常会有日本飞机前来轰炸。邓稼先和其他师生们还要不时地到郊外躲警报，等到警报解除了再马上赶回学校上课。西南联大物理系的实验仪器非常珍贵，为了防止被敌机炸毁，平时都被埋到远郊的村庄地下，上实验课需要用时再挖出来，实验过后再埋起来。在如此艰苦的日子里，邓稼先和同学们并没有放弃学业，他们深知遭受日寇侵略下的中国人民所承受的痛苦，他们自己也有着失去家园甚至亲人的痛苦，感受到日寇侵略所带来的耻辱，因而十分珍惜这来之不易的学习机会，互相勉励要好好学习。虽然在物质上他们是穷困不堪的，但在精神上却是富有和充实的，立志要为国家做出一番事业。他们也并不是整天苦眉愁脸的，反倒经常苦中作乐，在紧张学习之余唱起学堂乐歌来鼓励自己。那时同学们常唱的歌有《男儿第一志气高》《祖国歌》《勉学歌》等。邓稼先最爱唱的是《中国男儿》，这首歌是由石更作词，辛汉配曲，歌词是：

中国男儿，中国男儿，
要将只手撑天空。
睡狮千年，睡狮千年，
一夫振臂万夫雄。
长江大河，亚洲之东，
峨峨昆仑，翼翼长城，
天府之国，取多用宏，
黄帝之胄神明种。
风虎云龙，万国来同，
天之骄子吾纵横。

中国男儿，中国男儿，
要将只手撑天空。
我有宝刀，慷慨从戎，
击楫中流，泱泱大国，
决胜疆场，气贯长虹。
古今多少奇丈夫，
碎首黄尘，燕然勒功，
至今热血犹殷红。

邓稼先和同学们正是唱着这样慷慨激昂的歌曲，在中国任人宰割、饱受欺凌的苦难岁月里执着地追寻着祖国的强国之梦。邓稼先虽然早年生活无忧，但他并不是娇生惯养的公子哥，对于眼前的困难和危险他处之泰然，和其他同学一道刻苦学习、积极进取。同学们同仇敌忾，在“千秋耻，终当雪；中兴业，须人杰”的校歌激励下发愤图强，在异常艰苦的条件下取得了令世人称奇的成就，成长为国家的栋梁之材。

西南联大图书馆的藏书量很有限，加上学生们大都勤奋好学，因此往往一书难求。有一次，邓稼先借到了一本十分难得的书，他为了能够经常阅读便将全书抄写下来。为了学好英文，他还和好友江泽阶一起背诵牛津英文字典。

西南联大的老师们也通过各种渠道搜寻当时处于世界科技前沿的书籍和杂志，以便让学生们了解到科技界的最新成果。邓稼先的英语水平不错，他能够毫不费力地阅读这些英文原作，从而及时掌握科技界的前沿动态。邓稼先还经常和杨振宁等其他同学就一些学术问题展开讨论。在西南联大读书的 4 年间，邓稼先掌握了丰富的物理学知识，为以后掌握更先进的科学知识创造了条件。

杨振宁 1938 年进入西南联大物理系，在完成

本科学业后又进修了两年硕士研究生课程，而邓稼先 1941 年考入西南联大物理系，他们有 3 年时间在同校同系学习，得以朝夕相处。在那个艰苦且动荡的岁月里，每当响起空袭警报时，他们经常一起到野外防空洞里躲避。

有一次，敌机俯冲下来在他们躲避的防空洞旁边丢了几枚炸弹，洞里的墙壁受到强大震动后纷纷崩落下来，他们紧紧拉着对方的手俯首低卧，在很长时间的轰炸结束后他们才站起来，互相掸去对方身上的泥土，又坐在一起分享彼此带来的干粮，吃饱之后，他们共同阅读从学校带来的书籍《人类对原子世界的新探索》。顶着敌机的狂轰滥炸，两个未来的科学巨人就这样双双走进崭新而又复杂的原子世界。此外，为了培养通识人才，西南联大规定文科生必须选择一门自然科学，理科生必须选一门人文科学，因而邓稼先和杨振宁还时常一块背诵古文，吟诵古诗，以此来陶冶情操。

1945 年 8 月 6 日和 9 日，美国先后在日本广岛和长崎投下两颗原子弹，迫使日本在一周后宣布无条件投降。邓稼先在获知这一消息后流下了激动的泪水，这让他更直观地认识到科技的巨大威力，从而立志以后从事核物理研究。

1945 年 8 月正值抗战胜利之时，邓稼先从西南联大毕业。9 月，他先在昆明文正中学担任了一个学期的数学教师，之后又到昆明培文中学执教数学。这段为时不长的中学教学经历让邓稼先积累了初步的教学经验，为他以后给参与原子弹研制的年轻人办“原子弹扫盲班”打下了坚实的基础。

在西南联大就读期间，邓稼先并非“一心只读圣贤书”，而是在勤奋苦读的同时还“两耳关心天下事”。这既与西南联大在抗战期间的使命有关，同时也是邓稼先一心爱国、关心时事的思想使然。西南联大诞生于抗战的战火硝烟中，“以其兼容并包之精神，转移社会一时之风气，内树学术自由之规模，外获民主堡垒之称号，违千夫之诺诺，作一士之谔谔”，成为全国的文教重镇和民主堡垒。

抗战胜利后，国民党倒行逆施，在昆明实行“白色恐怖”，并最终酿成“李闻惨案”，著名民主人士西南联大教授李公朴、闻一多先后死在特务的枪口下。国民党的“白色恐怖”和血腥暗杀并没有吓倒西南联大的广大师生。1945 年 11 月 25

日晚，昆明市几千名大中学校师生在西南联大举行反内战的时事晚会，国民党派军队进行弹压和恐吓。1945 年 12 月 1 日，国民党军警、特务包围了西南联大，闯入校内殴打学生，并且还投掷手榴弹炸死炸伤了二十余名师生，史称“一二·一”惨案。惨案发生后，邓稼先不但没有被吓倒，反而更加积极地从事争取民主、反对国民党独裁统治的斗争，他在好友杨德新介绍下加入了共产党的外围组织“民主青年同盟”。

1946 年 5 月，西南联大解散，清华大学、北京大学和南开大学开始北上。1946 年 6 月，邓稼先受聘为北京大学物理系助教，回到北平。时隔 6 年后邓稼先终于见到了父母双亲，他特意用自己第一个月的工资给父亲买来两坛茅台酒和两条香烟，晚上一家人欢聚一堂，开怀畅饮。

普渡大学的“娃娃博士”

邓稼先在北京大学担任助教期间，认识了与他一生关系重大的两位学生。一位是日后默默支持他的妻子许鹿希，另一位是当时在北大物理系读书的于敏，20 年后他们联手完成了氢弹的理论设计。同时，身为“民青”（民主青年同盟简称）骨干的他还积极参加民主运动和领导学生运动，先后参与了1947年的“五二零”运动和1948年的“反迫害”斗争，还担任了北京大学教职工联合会主席。这一系列社会活动锻炼了邓稼先的组织能力和领导能力，为他日后领导两弹理论研究，协调各种人际关系奠定了基础。

当时国民党为了维护自己的统治实行“白色恐怖”和高压政策，邓稼先在组织“民青”集会时要时刻严防被特务发现，他特意把父亲的手摇留声机搬了过来，每当集会时常常以音乐作掩护。不明就里的人还以为他们在举行舞会，在音乐掩护下邓稼先他们不仅议论时政、抨击时弊，而且还一起学习了毛泽东的《新民主主义论》以及其他马列主义著作，逐渐认识到只有中国共产党才能领导全国人民建立一个崭新的中国。

1945年抗战胜利后，邓稼先的好友杨振宁就已考取公费留学生，赴美国芝加哥大学攻读博士学位。1947年邓稼先顺利通过赴美研究生考试，根据当时的规定，留学生在被录取后可以自选想要就读的学校，他在赴美留学前给杨振宁写信咨

询到美国应该选择哪所大学。杨振宁建议邓稼先到普渡大学，该校距离他所在的芝加哥很近，两人可以经常见面，另外普渡大学理工科在全美排前十名，并且收费比较低廉，邓稼先因是自费留学容易承受。邓稼先对于杨振宁十分信任，他完全接受了杨振宁的建议。杨振宁接到回信后帮邓稼先申请了到该校物理系攻读研究生的入学许可。

在邓稼先离开北平之前，他的同学袁永厚对他说“中国的天快要亮了”，想让他留下来和大家一起迎接中华人民共和国的成立。邓稼先坦诚地回答道，将来中华人民共和国建设需要人才，他学好本领后一定会回来报效祖国。

1948 年邓稼先和杨振宁的弟弟杨振平一起乘船到达旧金山之后，邓稼先先把杨振平送到芝加哥杨振宁处，然后再去普渡大学报到。普渡大学位于芝加哥约 100 英里外的小城拉菲亚得，有一条名叫沃巴什的小河穿城而过，小城周围是大片大片的草原，树木却极其稀少，因而被人们称为草原之城。虽然小城没有大都市的繁华，但因人烟稀少显得非常宁静，是读书求知的好地方。普渡大学虽然知名度不高，但物理系却很有名气，在华人学子中一度流传着“清华认麻省，交大认普渡”的说法。

邓稼先的导师德哈尔教授是荷兰人，曾经指导过很多研究生，经验十分丰富。德哈尔教授在对邓稼先进行例行测试时问：“你为什么要选择核物理作为研究课题？你是怎么样看待二战中美国投掷原子弹的行为的？”邓稼先略加思索后回答说：“我是来学科学的，我怀着极大的兴趣和热情来学习研究核物理的，科学的任务是不断探索，不断发现，因此我渴望掌握核物理科学的前沿成果。”德哈尔教授对邓稼先的回答非常满意，同时他对邓稼先在西南联大求学时的老师吴大猷、赵忠尧、叶企孙和周培源等人也十分熟悉，当即表示，同意邓稼先直接攻读博士学位。邓稼先出国时的学历是本科，此前并没有读过硕士研究生课程，由本科直接攻读博士学位，这在普渡大学是极为罕见的。

德哈尔教授为邓稼先选定的研究方向是“氘（dāo）核的光致蜕变”。氘是氢的同位素，人们为了发现它前后用了十几年的时间。1931 年底才由美国哥伦比亚大学的化学家哈罗德·克莱顿·尤

里发现，并因此获得 1934 年度诺贝尔化学奖。可见氘的发现在当时的科学界是一件大事。在氘被发现之后，尤里又进一步研究，得到了氧化氘（又名重水），是制造氢弹的重要材料之一。氘比氢多一个中子，用加速器放出的伽马射线轰击氘核，可以将它分裂成一个质子和一个中子，以此来研究质子和中子间的相互作用。

德哈尔教授在与邓稼先谈话之后把他带到楼下的一个大厅，向邓稼先讲解质子从圆柱形加速器注入环形加速器之后运行约 1 秒钟，加速到 1 兆电子伏后再打到靶子上。邓稼先初次见到粒子加速器，对于德哈尔教授所讲的内容也似懂非懂，他明白自己在核物理领域还是一个门外汉，只有刻苦努力才能登堂入室，破解其中的奥秘。

由于邓稼先是自费留学，因此经济上很是拮据，他和后来成为著名低温物理学家的洪朝生（中国科学院低温物理与低温技术研究的开创者之一）共同租住一间房子。平时只能吃最简单的食物，即便如此也不能敞开肚皮吃，有时只吃几片面包将就着，偶尔还要饿肚子。有一位好心的教授看到邓稼先生活困难，便把他介绍到学校实验室打工，为了挣取生活费邓稼先每天都在实验室耗上很长时间。

由于邓稼先在西南联大读书期间功课底子非常扎实，因此他在普渡大学求学时很多课程不用怎么听也能考试过关，因此并没有因为打工而影响到自己的学业和研究工作。尤其是外文课，邓稼先在普渡大学一次也没去听过，完全是靠着在西南联大时积累的知识，竟然也以高分顺利过关。邓稼先把节省下来的时间都用到学习那些物理学的最新成果上来，因而在专业领域取得了显著的进步。邓稼先在刻苦攻读博士学位的同时还参加了进步留学生团体“留美中国科学工作者协会”，并被选为总会干事。他以亲身经历向其他留美学生介绍了国内的情况和青年学生所进行的爱国民主运动。

邓稼先和杨振宁经常保持着联系，在他留美期间得到了杨振宁的帮助。1948 年，冯友兰教授给在美国留学的儿子的信中这样写道：“辽儿，这几次来信均收到了……现在朋友中的出国子弟成绩最好的是杨振宁，他不但成绩好，而且能省下钱帮助家用，又把杨振平也叫去了，又帮助邓稼先的费用。”冯友兰和邓以蛰、杨武之都是多年的同事，对于两家孩子的情况非常熟悉，因而他在信中所说的话应该是真实可靠的。由此可以证实，邓稼先在美国留学期间曾经得到过杨振宁的资助。

时隔多年后，有一次邓稼先和杨振宁一起去餐馆吃饭，他俩边吃边谈，杨振宁对邓稼先说：“这回你可以吃饱了，想当年在美国留学的时候，你可是常常饿肚子的呀!”邓稼先笑着说：“可不是嘛，我留学的时候，生活很艰苦，开始没有奖学金，吃饭不敢按饭量吃，只能按钱吃。有一段时间，我和洪朝生合住在一位美国老太太的阁楼里，一次我俩去吃饭，两份牛排端上后，我看了看，对洪朝生说我这块小，你那块大。洪朝生就把自己那份给了我。”……回想起这些往事，邓稼先和杨振宁都开心地哈哈大笑起来。

1949年暑假，邓稼先来到芝加哥，和杨振宁、杨振平共同租住一间房子，他们三人每天一起散步、聊天、做饭、讨论学术问题，还互相拍摄了一些游玩时的照片，留下了友谊的见证。暑假结束后，已经取得博士学位的杨振宁去普林斯顿研究院工作，之后在美国结婚定居，继续从事理论物理研究。

到了第二年，邓稼先的各项课程成绩都在 85 分以上，因此获得了奖学金，从而解决了生活问题。不用再为吃饭发愁的邓稼先没有丝毫松懈，他依然争分夺秒地刻苦钻研，原本需要 3 年才能完成的课程，邓稼先仅仅用了不到两年的时间便学完了。

1950 年 6 月，“留美中国科学工作者协会”在芝加哥城外的邓肯湖畔举行年会，庆祝新中国的诞生。邓稼先和近百位海外华人学子手牵着手，围着一个上面插有五星红旗的巨大蛋糕，一起高唱《团结就是力量》。邓稼先感到心潮澎湃，爱国之情溢满胸怀，他望着波涛翻滚的湖水即兴赋诗一首：

当一场暴风雨过后，祖国已迎来灿烂的黎明。

红旗随朝霞升起，百鸟在枝头欢鸣。
而我们这里，却夜幕垂空，灯火通明。
母亲啊，
你可听见我们的欢唱，
你可听见我们的心声。

我们已采撷了无数鲜花，
我们已握有知识利器，
我们已结成友谊的联盟。
这一切，都为了你，母亲！
让太平洋的波涛，为我们铺路，
让天空烂漫的云霞，为我们架起长虹——
我们就要回到你身边，祖国啊，母亲！

与会代表听着邓稼先充满感情的吟诵，不禁激发起对祖国的思念之情，他们纷纷表示自己愿意放弃国外优越的生活和科研条件回到祖国，为建设新中国贡献力量。回到学校后，邓稼先全身心地投入到博士论文的撰写中去，不到两个月便完成了名为《氘核的光致蜕变》(*The Photodisintegration of the Deuteron*）的博士论文。1950 年 8 月 15 日邓稼先通过博士论文答辩，20 日领到了博士学位证书。此时邓稼先年仅 26 岁，由于他皮肤白皙，看起来比实际年龄还要小些，因此被称为“娃娃博士”。

冲破重重险阻学成回国

1950 年 8 月 29 日，近百名中国留学生一起登上威尔逊总统号邮轮启程回国，在游轮的甲板上，时常会看到一个年轻的小伙子静静地望着波涛汹涌的海水。他皮肤白皙，一张国字脸，额头高且亮，留着当时常见的自然发，英俊极了。他穿着笔挺的西服，干净利落，两眼炯炯有神，直视前方，仿佛正思考着问题，他就是邓稼先！

德哈尔教授对邓稼先非常满意，称赞他是来自东方的高才生，准备带他到英国剑桥大学继续深入研究。但邓稼先婉拒了导师的好意，他放弃了继续深造的机会毅然决定回到祖国。在获得博士学位仅仅 9 天后，他便毅然决然地辞别恩师和好友回国。邓稼先的好友杨振宁则留在美国，后与李政道合作发现了宇称不守恒定律，共同荣获 1957 年诺贝尔物理学奖。历史无法假设，当年同样在物理学研究中崭露头角的邓稼先如果没有选择回国，将会取得怎样的成就。但邓稼先却对此毫无悔意，他早已立下誓言，为了祖国的强盛甘愿牺牲自己的一切，这种爱国热情是值得高度称赞的。

然而，邓稼先的回国之路并不是一帆风顺的。邓稼先未雨绸缪，早在 8 个月前便提出了回国申请。在等待审批的过程中，1950 年 6 月 25 日朝鲜战争爆发。同月，美国参议院通过了一项议案，禁止在美国学习理工的中国籍博士回国。1950 年 7 月 7 日，联合国安理会通过第 84 号决议，决定派遣“联合国军”开赴朝鲜。以美国为首的“联合国军”在仁川登陆后，朝鲜战场形势发生逆转，中国志愿军于 1950 年 10 月 25 日应朝鲜请求赴朝鲜与朝鲜人民并肩作战。此时，中华人民共和国成立后不久，国内的经济建设百废待兴，邓稼先预感到回国审批可能会招致麻烦。果不其然，美方故意刁难邓稼先，邓稼先据理力争，表明了自己的坚定立场，他的家在北京，故乡是在安徽，必须回国。

当时中国留美学生约有 7000 多人，其中普渡大学就有 100 多人，他们团结一心时常举行游行集会，商讨对策，公开揭露美国当局无理扣留中国留学生的卑鄙行径。最终，在周恩来等领导同志的声援和支持下，通过外交途径，终于迫使美国同意中国留学生的回国要求。

在邓稼先他们登船回国的当天，钱学森教授一家被美国人阻拦在海关，直到 5 年后才在周恩来总理的斡旋下用10名美国战俘换回了他。邓稼先和其他留学生则顺利离开美国，10天以后，威尔逊总统号邮轮停靠在日本码头，邓稼先又亲眼看见赵忠尧教授和另外两名中国学者被驻日美军扣留。

1950年9月20日，威尔逊总统号邮轮终于抵达香港，但英国当局又以种种借口阻止邮轮上的中国留学生在香港上岸。无奈之下，邓稼先等人只好乘坐小木船历经许多波折后最终平安回到祖国的怀抱。

当时的中国百废待兴、人才奇缺，邓稼先和众多归国留美学生一起受到北京外事部门的热烈欢迎和隆重接待。在专门为留学生归国举行的招待会上，有人问邓稼先从美国都带回了些什么，邓稼先幽默地指指自己的头说："除了带几双眼下中国还不能生产的尼龙袜子送给父亲外，还带了一脑袋关于原子核的知识。"

虽然科学没有国界，但科学家却有自己的祖国，以邓稼先、钱学森等为代表的在海外学成归国的科学家们的爱国精神是值得人们敬佩和尊重的。当时他们如果留在美国的话，无论是生活待

遇还是工作环境等方面都要比历经战乱、一穷二白的中国好上千百倍，凭着他们的聪明才智完全可以过上富足的生活。但是他们却不计名利甘愿回到贫穷落后的祖国，为祖国的强大贡献出毕生的精力，并取得了令世人瞩目的成就。在当年像邓稼先他们这样淡泊名利、无私奉献的人是数不尽的，他们为了国家的富强任劳任怨，只讲奉献不求索取。

随着中国国力的强大，科研经费有了充足的保障，科研条件也逐渐改善，越来越多的中国留学生回到祖国开展科研工作，为祖国的经济和社会发展做出了巨大的贡献。

第六章
拳拳之心报祖国

受命研制“大炮仗”

邓稼先回到北京后，一大早他便迫不及待地和大姐、二姐一起骑着自行车来到天安门广场，他想要亲身感受一下新中国国庆的喜庆气氛。昔日破败的天安门广场早已是焕然一新，天安门城楼上张灯结彩，金碧辉煌，城楼正中间悬挂着毛主席的巨幅画像，两旁则是“中华人民共和国万岁”和“世界人民大团结万岁”的大幅标语，显得气魄宏大、蔚为壮观。邓稼先不由得心潮澎湃，中国人民在伟大的中国共产党带领下已经站起来了，北京城再也不是外国人肆意横行的地方了，他下定决心要努力工作，争取为新中国做出自己应有的贡献。

当时新中国在历经长期战乱之后百废待兴，各个行业都需要大量的科技人才，尤其是核物理研究领域更是一片空白。邓稼先这个“娃娃博士”马上就被委以重任，和钱三强、彭恒武等著名科学家一起参与筹备、创建中国科学院近代物理研究所（九院的前身）。26 岁的邓稼先正是血气方刚、奋发有为之时，他在彭恒武教授的直接领导下开始从事原子核理论研究工作。

1950 年至 1958 年间是邓稼先人生中最轻松也是最幸福的时期，他不仅事业有成，而且还娶妻生子，一家人的日子甜蜜而温馨。邓稼先的妻子许鹿希很有才华，两人十分般配。

1946 年许鹿希从南开中学毕业报考大学时，听从母亲的建议决定学医，当时还不是全国统考，各个大学都是自主招生，她接连考上了北京大学、湘雅医学院、协和医学院、燕京大学、南开大学和金陵女子大学等多所大学。因为湘雅医学院与协和医学院的学费很贵，而北京大学医学院不仅不收取任何费用，每月还发一袋面粉，因此许鹿希最后选择了北京大学，这为她和邓稼先相识创造了机会。由于当时北大医学院的女生很少，有些人便私下议论许鹿希是不是沾了父亲许德珩的光，其实他们不知道许鹿希是真正的学霸。在入学后的数次考试中，许鹿希的学习成绩始终在全班名列前茅，同学们这才明白许鹿希是有真才实学的。

邓稼先 1947 年在北京大学物理系任助教时曾给医学院学生上过实验课，他辅导学生非常认真，总是讲解得非常透彻，学生哪里不懂他都会耐心讲解。许鹿希就是他的一个学生，物理成绩很好，两人都互生好感，埋下了爱情的种子。许德珩和邓以蛰是好友，经常到邓家做客，虽然没有跟父母一起去过邓家，但许鹿希却听父母讲起过邓稼先小时候调皮的“事迹”。

1950 年邓稼先学成回国后，在姐夫郑华炽教授的撮合下两个年轻人走到了一起。值得一提的是，邓稼先的岳母劳君展在 1924 年获得里昂大学硕士学位后进入巴黎大学，跟随著名核科学家居里夫人研究放射性物理学。邓稼先的车技很好，许鹿希也很会骑车，每到周末他们一有空就会相约着一起骑自行车出去玩。

随着时间的推移，两人的爱情逐渐瓜熟蒂落，

到了谈婚论嫁的时候。据许鹿希回忆，1953 年两人结婚时仪式非常简单，没有坐当时流行的花车。那个时候中华人民共和国刚刚成立，形式上的旧东西都被打破了，他们夫妻俩在大概七八十平方米的一个教室里，请了一些同事、朋友，大家唱唱歌，念念诗，互相之间玩玩游戏，开心一下，吃点儿糖，吃点儿小饼。邓稼先和许鹿希并排照了一张简单的结婚照，两人都穿得十分整齐。婚后两人相敬如宾、和睦融洽，各自成长为所在单位的业务骨干。

邓稼先在婚后的头几年里过着幸福愉快的生活，那时城市中人均工资只有 56 元钱，许鹿希的工资是 90 元，而邓稼先的工资是 204 元，在当时而言是十足的高收入家庭。加上两人勤俭持家，不奢侈浪费，因此生活过得十分宽裕。婚后第二年有了大女儿典典，隔了两年后儿子平平又降生了，邓稼先儿时好玩的天性开始显露出来。每天一下班回家，邓稼先就逗着女儿，让她叫爸爸，而且是好爸爸，好好爸爸，十分好爸爸，极端好爸爸……初为人父的喜悦让他比孩子还淘气。

邓稼先很会抖空竹，大的小的，各种各样的，都玩得很好，他把空竹抛到很高的天空，然后再稳稳地接住，惹得孩子们拍着小手一阵叫好。有一次，女儿拿着一个锅盖对他说："胖爸（因为邓稼先长得高大魁梧，结婚后又有些发福，所以女儿常这么叫他），你会用这个抖吗？"邓稼先还真的把锅盖给抖起来了，女儿一脸崇拜地望着他，邓稼先开心地笑了。妻子许鹿希在一旁提醒他别摔坏了锅盖，他听了之后一边跳到床上继续抖着，一边回答说："没事，这不是在床上吗，摔不着。"逗得女儿手舞足蹈，哈哈大笑。

有段时间邓稼先下班回到家里，等天一黑就拿着手电筒领着儿子出去捉蛐蛐。他十分内行地教儿子捉蛐蛐的方法，只见他轻轻翻开墙角的砖头，用手电筒一照，蛐蛐就一动不动了，然后把蛐蛐装在笼子里。回家后父子俩围着笼子谈论蛐蛐的类型，不亦乐乎，很是开心。夏天到来后，周末时他经常会带着孩子去游泳。那时刊发论文给的稿费也很丰厚，邓稼先拿到稿费后就很开心地给孩子们买玩具。他先是给两个孩子一人买了一辆小自行车，但因孩子们太小没法骑，后来又买了一个很大的木制摇椅，拿到家后让孩子们坐在里面，他一边摇着一边逗孩子们玩。每到周末

他都会骑上自行车让女儿坐在前面，妻子许鹿希抱着儿子坐在后座上去父母家吃饭或者去逛公园，一家人其乐融融，尽享天伦之乐。

这时的邓稼先在事业上发展得也十分顺利，与同事间的关系十分融洽。他白天忙着工作，晚上有时会与于敏、何祚庥结伴去戏院听京戏，他们三人因兴趣相投被戏称为近代物理研究所的“三人帮”。邓稼先和于敏、何祚庥、徐建铭等人分工合作，自1951年至1958年间在公开刊物上先后发表了《关于氢二核之光致蜕变》《β-中微子角关联，β-γ角关联和β-能谱因子》《辐射损失对加速器中自由振动的影响》《轻原子核的变形》等研究论文，这些理论成果填补了我国核物理研究方面的空白，开启了我国核物理事业的新篇章，也为他转向核武器研究工作打下了基础。

1954年，钱三强任命邓稼先为中国科学院数学物理化学部的副学术秘书，协助他进行相关工作。钱三强是大名鼎鼎的法国物理学家居里夫妇的学生，与妻子何泽慧一同被誉为“中国的居里夫妇”。他是中国发展核武器的组织协调者和总设计师，他领导的研究所被人们称为“满门忠烈”。

邓稼先在钱三强的带领下，不辱使命，和其他科学家们建立了和谐融洽的关系，得到科学家们的交口称赞，也赢得了领导的信任，这为他日后开展核武器理论研究工作奠定了基础。时任中科院党委书记张劲夫曾说过邓稼先为人非常好，研究质量很高而且做事不张扬，能够严守组织纪律，因而最终选定了他。

1956 年 4 月，邓稼先光荣地加入了中国共产党。在 1956 年 4 月 22 日的《人民日报》头版上刊载了一条消息，题名为“一批科学工作者加入中国共产党”，内容是“据新华社 21 日讯，中国科学院机关委员会今天在北京举行大会，接收了北京各研究单位的 35 个研究人员和工作人员入党。”而邓稼先就是其中之一。

然而，邓稼先的平静生活并没能一直持续下去。1958 年，时任中科院原子能研究所所长钱三强把邓稼先叫到办公室，语气幽默地对他说：“稼先同志，国家要放一个大炮仗，调你去做这项工作，怎么样？”① “大炮仗？”邓稼先开始时不由得

① 《邓稼先：一个秘密埋藏 28 年》，《滕州日报》，2015 年 7 月 29 日。

一愣，但从事核物理研究的他稍一沉吟，便马上明白了，这是国家要计划研制原子弹。接着钱三强说:“我想你明白那是什么‘炮仗’。国际上有人公开说，它的音响效果就是他们的国家外交政策语言。”听了钱三强的这一席话，邓稼先很是兴奋，他激动地回答：“对!”钱三强知道邓稼先明白了他的意思，马上又叮嘱他说：“这可是绝密，关系着国家的安危。你的任务是带领理论部向苏联专家学习。他们会带来一颗教学模型弹，你们一定要弄懂它，到时候有一车皮的资料让你们翻译呢!”钱三强一边说着一边拿出前不久从国外带回来的柯朗写的《超音速流与冲击波》，送给了邓稼先。①

邓稼先还没有完全从吃惊中回过神来，他不敢相信这一切都是真的。当钱三强谈了工作的意义和任务之后，邓稼先全都明白了。他知道这件事责任重大，担心自己能力弱不能挑起这样的重担，于是充满疑惑地对钱三强说：“你看我行吗?”钱三强看出了邓稼先的疑虑，对他说：“当然不是

---

① 许良廷：《邓稼先轶事》，《党史纵览》第 7 期，2004 年。

你一个人，还有许多人，不过你的工作十分重要而光荣，这是组织上决定的。”

邓稼先的妻子许鹿希时隔多年后才得知丈夫当年瞒着她从事的是原子弹研制工作，但她始终不明白的是当时中科院人才济济，为什么钱三强会单单选中十分年轻的邓稼先来领导研制原子弹。在邓稼先去世后的 1988 年 9 月，许鹿希带着疑问拨通了钱三强的电话，钱三强给出的回答是当时在考虑人选时除了专业对口，有相当的专业水平和科研能力外，名气还不能太大，还要出国留过学，能与外国人打交道，此外还必须政治条件好、政治觉悟高、组织纪律性强。邓稼先回国后曾经担任过中国科学院数理化学部的副学术秘书，展现出良好的人际交往能力和沟通能力，因而能够协调好上下级关系。此外，邓稼先 26 岁便获得博士学位，研究的又是理论核物理专业，天资聪颖，人品很好，很少说话，踏实肯干，又素怀报国之志。组织在综合考虑后认为邓稼先是不二人选。所以 1958 年春，时任核工业部部长宋任穷找来钱三强说发展核武器的关键问题是缺乏核物理研究人才，请钱三强推荐人才时，他开出的第一批人选专家名单中就有邓稼先。

别妻离子隐姓埋名

从钱三强那里回到家中后，邓稼先显得心事重重，那是一个改变一家人未来生活的夜晚。邓稼先躺在床上辗转反侧，怎么也睡不着，他的内心极不平静。为了自己热爱的祖国挺起不屈的脊梁，为了自己热爱的事业，哪怕是要他付出生命也在所不惜。但同时，他也十分清楚这项任务的艰巨，自己有可能需要为此付出一生的努力。为了国家利益他可以无悔地做出自己的选择，但这对妻子和儿女来说却是一种极大的伤害，从今以后他再也无法像往常那样经常陪伴在他们身边了。有关他工作的一切事情都不能告诉父母和妻儿，不能再发表学术论文，不能再公开做报告，不能出国，不能与朋友随便交往，工作成绩再大、功劳再大都将无人知晓，很有可能一辈子只能隐姓埋名。但是，为了自己的祖国，邓稼先甘愿舍弃一切虚名，他看着挚爱的妻子和一双可爱的儿女不由得心生愧疚。

夜半时分，望着窗外格外皎洁的月光，他的

内心逐渐平静下来。他知道妻子没有睡着，拉起她的手，轻轻地说："我要调动工作了。"妻子疑惑地问："你调哪儿去?"邓稼先坚定地说："这不能说，做什么工作也不能说。"妻子一时无语，后来，妻子问他说："你给我一个回信信箱的号码，我跟你通信。"邓稼先想着钱三强叮嘱他的话，果断地对妻子说："这也不行。"① 然后，他们聊到了十几年前，国家备受侵略者蹂躏践踏，日本飞机肆无忌惮轰炸的情景。聊着聊着，往日的情景仿佛就如同刚刚发生的一样，他动情地说："我的生命就献给未来的工作了。做好了这件事，我这一生就过得很有意义，就是为它死了也值得!"听到丈夫这样说，许鹿希流下了热泪，她知道丈夫是和水晶一样纯粹的人，明白丈夫一定是有重任在身，于是对邓稼先说："我支持你!"邓稼先对妻子能够理解和支持他十分感激，他对妻子说："以后家里就全托付给你了。"②

---

① 高山：《邓稼先：有方向的人生》，《新华每日电讯》第 3 版，2009 年 9 月 15 日。

② 《研制"两弹"为何选的是邓稼先》，《东楚晚报》综合要闻版，2010 年 4 月 10 日。

由于邓稼先所在的近代物理研究所原来就是保密单位，加上今天丈夫向她讲述起中国受到外国侵略者欺凌的凄惨历史，许鹿希多少也猜测到丈夫未来的工作事关国家的强盛，同时她本人也亲身经历过日本侵略中国的凄惨景象。1937 年“七七事变”后，许鹿希跟随父亲逃出了北平，在逃难的路上她亲眼看到路上躺着很多尸体，由于正是炎热的夏季，尸体大都已经腐烂，散发出扑鼻的恶臭。他们在乘坐火车前往天津时虽然车厢里很热却不敢开窗户，因为每到一站都有日本兵拿着刺刀顺着敞开的窗户往里捅……因此，许鹿希完全支持丈夫的选择。

原来在决定研制原子弹之初，组织上便明确了保密制度，强调不仅上不告父母，下不告儿女，而且连自己的妻子也不能知道。当初周恩来在传达保密规定时曾特意说过邓颖超是他的妻子，也是中共中央委员，但是由于邓颖超跟研制原子弹这件事情没有关系，所以不能向她透露任何有关信息。张爱萍将军在向邓稼先等人传达保密规定时也强调，虽然李又兰是他的妻子，但因为跟研制原子弹没有关系，因此他不会跟她说起有关的任何信息。邓稼先等人自然明白张爱萍将军说这句话的用意，都知道事关重大，绝对不能向包括妻子在内的任何亲人透露自己的工作情况。

其实也不仅仅是邓稼先一人如此，当时参与原子弹研制的成千上万名年轻人都与邓稼先一样严守着国家机密。不仅对亲人要保密，不能泄露自己的工作性质和内容，而且在核基地内部，“从这个车间到那个车间都是不能随便通行的，每个人只能持有规定车间的通行证，在当时这样的‘铁路警察各管一段’非常普遍，而全厂通行的通行证只有几位科学家和领导才有”。①

第二天，邓稼先破例带着一家人到照相馆照了一张全家福。这或许是他想要留给亲人的一个纪念吧！之后，邓稼先走了。许鹿希虽然支持丈夫的工作，但心里多少还是有些失落，此时她正是发展事业的大好时光，心爱的丈夫却无法再经常看到了，一双儿女尚且年幼，公婆身体也不太好，这千钧重担都压在了她一个人的身上。除了丈夫那些简短的话，没有一个人给她解释什么，

① 王大鹏：《专家忆中国首颗氢弹爆炸：领航员紧张得一度忘记投下氢弹》，《北京晨报》，2011 年 7 月 26 日。

丈夫就这样活生生地从她身边“消失了”。

在许鹿希的记忆中，邓稼先几乎从未休过探亲假。他们结婚 33 年，两人在一起的时间加起来只有短短的 6 年，除了邓稼先接受原子弹研制任务之前的 5 年外，就是邓稼先被确诊为癌症晚期后在医院治疗的那一年，可以说邓稼先几乎将他的一生全都奉献给了祖国的国防事业。

在邓稼先“调动工作”离开家后不久的一天傍晚，许鹿希领着两个孩子出去散步。刚走出院子，她就发现有几个原来经常打招呼的熟人正一边看着他们娘仨，一边在窃窃私语。其中有一个人忍不住问她：“许老师，怎么好久没有看到孩子的爸爸了?”许鹿希先是一愣，随即回答：“出差了。”“出差了？出个差怎么这么久啊？不会是……”“不会是什么?”许鹿希笑着反问。“没事的，没事的。”说着，那个熟人迅速走开了。一直从不打听父亲下落的两个孩子在听到别人谈起自己的父亲后也摇晃着母亲的手问：“妈妈，爸爸呢?”许鹿希心里一时间有说不出的滋味，她把两个孩子的手拉得更紧了。当时有人猜测邓稼先要么是被打成了“反革命”，要么是抛下妻儿另寻新欢了。每当听到别人在背后这样议论时，许鹿希都感到心里很不好受。

邓稼先的工作保密性太强了，而且上级的纪律要求十分严格，他不能多说，家人也不能多问。这让他的生活方式完全变了，甚至连亲友间的聚会也要避开。出于保密的需要，就连许鹿希也不能邀请北京医科大学的同事到家里来做客，关于丈夫工作方面的情况更是不能谈及。

后来许鹿希回忆起当时的情形时说：“甚至我的北京医科大学的同事都不能来家里，免得出事。至于他突然回来和突然走，以及什么时候回来我根本不知道，什么时候该走？一个电话，汽车马上就在楼底下等着，警卫员一来他就马上走了。那是一个几乎从零开始的事业，艰难可想而知。然而，毕竟成功了。”

1964 年 10 月 16 日下午 3 时，原子弹爆炸成功。当时，许鹿希正在北京医科大学的实验室里做实验。当她看到新闻后隐约感到这件事很可能和丈夫有关，但并没有向丈夫求证。时任中国科学院副院长的严济慈和许德珩是好友，他们当年一起到法国勤工俭学，在原子弹爆炸成功后的一

天，严济慈到许家做客，许德珩拿着印有原子弹爆炸成功的号外对严济慈说：“济慈兄，你说是谁有本事能把中国的原子弹搞出来啊？”严济慈听了哈哈大笑，回答道：“你还问我？去问问你女婿吧！”

自此，许鹿希才确认自己的丈夫正是研制原子弹的幕后英雄。但她没有对别人说起过，邓稼先一再叮嘱她不要向别人透露自己的工作情况，如果有人问起来只说是做保密工作的。许鹿希在得知丈夫从事的是核武器研究工作后，不由得为丈夫感到后怕，感受到丈夫肩头上时刻都承受着千钧重担，幸亏原子弹研制成功了，如果不成功丈夫又该怎么向上级组织和全国人民交代啊？

其实邓稼先开始时工作的地方离家并不远，只有一站路的距离，但家里人却谁也不知道他的工作地址。一次，许鹿希骑车去买东西，远远看到了邓稼先的身影，追过去问他：“你怎么在这儿？”她根本没想到那是他的工作单位。邓稼先只好瞒着妻子说：“我去看个朋友，在这儿下错车了。”这时公共汽车来了，他头也不回地上去了，望着愣在那里的妻子，他心里也有些不忍。

邓稼先在这段时期，虽然不能像以前那样常

常回家，但还能不定时地回来与家人团聚一下。随着中国核武器研究工作的深入展开，上级部门决定抽调一些高级专家集中起来搞核武器研究，出于安全和保密的需要，决定将这些专家转移到与世隔绝的戈壁滩。除了几次借着到北京开会、汇报工作的机会，能够与家人短暂相见外，其他时间几乎完全跟家人切断了联系。邓稼先就像突然"蒸发"了一样，在北京工作和生活期间熟悉他的人们再也联系不到他，各种公开场合和学术会议上再也看不到他的身影，科研杂志上再也没出现过他的名字。邓稼先开始了长达 28 年的隐姓埋名的生活，在祖国最荒凉的地方默默奉献着自己的青春年华，而所有这一切付出都是为了实现那惊天一爆。

在邓稼先神秘消失的 28 年中，他在科学事业上取得了举世瞩目的成就，成为当之无愧的"两弹元勋"。妻子许鹿希则始终无怨无悔地信守着结婚时的誓言，痴情地守望着爱情。那年，许鹿希 30 岁，女儿 4 岁，小儿子才 2 岁，抚养教育子女的重任完全压在了她的肩头，在做好本职工作的同时独力抚养一双儿女长大成人。同时，许鹿希还要照顾公婆和父母四位老人。邓稼先在父亲生病住院时一直抽不出时间到医院去照顾，都是许鹿希忙里忙外照料一切。

在原子弹爆炸的前几天，邓稼先的母亲病危，在接到医院下达的病危通知后，许鹿希给当时九院的党委书记刁君寿打电话，想让他通知邓稼先回来见母亲最后一面。此时正值原子弹爆炸前的最重要的阶段，邓稼先必须亲临现场指挥，因此刁书记对许鹿希说邓稼先现在无论如何都不能回去，什么时候可以回去了他会立即通知。许鹿希觉得领导的回答让她很难理解。就这样，在原子弹爆炸成功之后，沉浸在喜悦之中的邓稼先正在和一大批科学家急切地分析着各种试验数据的时候，九院党委书记刁君寿来到邓稼先的身旁，递给他一张回北京的飞机票，轻声说：“你母亲病危。”

邓稼先焦急万分地登上了回北京的飞机，在飞机上，他满脑子都是母亲的音容笑貌。自从邓稼先在茫茫戈壁滩隐姓埋名参与领导核武器研制后，他跟自己的亲人几乎没有联系过。自古忠孝不能两全，邓稼先对母亲充满了深深的愧疚。

当邓稼先匆匆赶回北京时，早已守候在机场

的许鹿希带着他直奔医院。母亲的床边挂满了吊瓶，她静静地躺在病床上，已是弥留之际。看着母亲消瘦而苍白的面容，邓稼先的眼泪夺眶而出，在母亲年迈体弱、最需要照顾的时候，他却没能尽到一丝孝心。他跪倒在母亲身旁，抓住了母亲的手，哭喊着："妈妈，我回来了，您的稼儿就在这儿。"母亲微微睁了睁眼，看到邓稼先后眼中闪过一丝光亮，似乎透着一丝安慰，一丝欣喜，她已无法说话，邓稼先突然感到母亲的手在他的手上摁了一下，虽然是那么的轻，但是他感觉到了。邓稼先发现，在母亲的枕边有一份《人民日报》的号外，刊登着第一颗原子弹成功爆炸的消息。他知道是妻子放在母亲枕边的，邓稼先感激地看了妻子一眼，却说不出一句话，任凭泪水在不停地流着……

在母亲去世的那一夜，邓稼先长跪不起，伤心到了极点，抽泣声在夜晚显得格外凄凉。许鹿希陪伴着邓稼先默默地流着眼泪，她的内心充满了无言的忧伤。她怎么也想不到，多少年不见的丈夫出现在自己面前的时候，她竟差点认不出来。当年高大魁梧、意气风发的丈夫已经变成一个弯腰驼背、满头华发的老人，可他才40岁呀！长年在戈壁荒漠的艰苦环境下生活，内心又承受着极大的压力，对家人苦苦思念而又无法陪伴，这些都严重地摧残着他的身心健康。

“文革”期间，邓稼先为了祖国的国防事业披荆斩棘、勇往直前，默默地奉献着自己的青春和热血，为祖国筑起了一道牢不可破的“核保护伞”，为中华民族的复兴立下了彪炳史册的卓越功勋，但他却无力保护自己的妻子儿女，没有办法为他们撑起一片自由的天空。

许鹿希在“文革”期间受到严重冲击，家也被抄了个底朝天，四壁上贴满了大字报，邓稼先从国外带回来的资料被损毁一空……回京汇报完工作，他回到家中时只见女儿典典和儿子平平躲在桌子底下，浑身发抖，妻子却不见踪影。邓稼先交代女儿照顾好弟弟后，马上骑着自行车去妻子单位。很快邓稼先见到了被折磨得瘦弱不堪的妻子，他的心里不禁泛起一阵酸楚，觉得自己愧对妻子和家庭。他把妻子接回家中后，安慰妻子说：“我了解你不是坏人，他们一定是搞错了！搞错了！终有一天会弄清楚的！”

此时陷入困境和极度恐惧中的妻子儿女是多么需要他啊！但邓稼先却无法陪着妻子儿女，他还有重要的工作不能丢下，不得不硬下心来向他们告别。妻子许鹿希是理解丈夫的，她无奈而又决然地对他说："去吧……"女儿和儿子却不愿爸爸离开他们，希望他能留下来保护他们。典典哭着对父亲说："爸爸，你别走，陪陪我们，就这一次。"儿子平平则气冲冲地对他说："你要走，你就是坏爸爸！"邓稼先面对一双儿女心生愧疚，他多想满足儿女的心愿留下来啊！但工作在等着他去做，他只得狠狠心离家而去。当时邓稼先的二姐夫也受到迫害，二姐受此刺激精神恍惚，导致煤气中毒不幸离开人世。

邓稼先的女儿典典在"文革"初期是小学6年级学生。从1966年6月至1969年初停课的近3年时间里，她无处念书，白天到处游荡。1969年初才被分配到离家不远的马甸中学读初一，不久学校又安排全体学生到北京的后沙涧大队接受贫下中农再教育，与农民同吃同住同劳动，一直持续到1969年8月。1969年8月以后，典典又被下放到内蒙古建设兵团，在那里一待就是6年。

1975年返城后典典在一个街道工厂里干了3年多。直到“文革”结束后恢复高考才重新有了学习的机会。在这期间，邓稼先每当接到转来的女儿来信时总会耐心地将女儿信中的错别字和病句一一改正，然后再寄回给女儿，以这种方式来帮助女儿提高文化知识。

邓稼先回北京汇报工作时得知女儿被下放到内蒙古，他破例向上级争取了一个到内蒙古出差的机会，坐了几天几夜的火车到乌梁素海去看望女儿，临行前他特意给女儿准备了自己平时都舍不得吃的罐头和其他食品。在乌梁素海，邓稼先见到了女儿，看到女儿瘦瘦黑黑的样子，头发又细又黄，便知道15岁的女儿吃了太多的苦。他看着女儿狼吞虎咽地吃着他带过去的肉罐头时不由得眼含热泪，心里很不是滋味。但邓稼先并没有向上级组织请求过任何照顾，典典是最后一个从内蒙古插队地回到北京的。在邓稼先返回车站时，女儿典典为他找来了一辆牛车，把他送到了车站。

后来典典准备参加高考，必须进行补课，她想请一个中学物理教师帮助她补习，当老师发现她连最简单的初中物理知识也不具备时便拒绝了。

此时邓稼先要在北京工作 3 个月，他决定亲自帮女儿补课，以此来弥补对女儿的亏欠。邓稼先跑遍北京的书店去寻找教材，但那时准备参加高考的人太多了，新教材奇缺，他不得已在海淀区的一家旧书店里买回了 20 世纪 30 年代使用的《范氏大代数》《三 S 平面几何学》《中学物理》等几本教学参考书。这几本书可以称为古董了，不仅纸张早已泛黄，而且还是用文言文写成的，邓稼先就将这几本书翻译成现代文讲给女儿听。

在这 3 个月里，女儿白天去工厂上班，邓稼先去开会、工作。晚上，女儿 5 点多下班，回来后就赶紧吃饭，吃完饭先睡一觉。11 点多，邓稼先回来了，把女儿叫起来给女儿讲课。邓稼先就这样给女儿讲物理和数学，从初中一直讲到高中。在考试前的那段时间，邓稼先陪着女儿每天晚上都是从 11 点一直学习到凌晨两三点钟。然后，邓稼先让女儿再睡一觉，到了 6 点钟左右起来去工厂上班，就这样拼命地学习。

那时候每到晚上，邓稼先住的大院里经常会放电影，吵得不得了。有时候电影要放到半夜 1 点钟才停，邓稼先和女儿就把家里所有的门窗都关上，将噪声减小到最低程度。邓稼先一点一点地讲，讲得非常清楚。有一次女儿对邓稼先说：“爸爸，我实在听不下去了，闹得这么厉害，你怎么还能够这么专心地讲?”听了女儿的问话，邓稼先笑笑说：“结庐在人境，而无车马喧。问君何能尔？心远地自偏。”这是东晋时期著名田园诗人陶渊明的诗句，诗的大意是居住在纷纭的人世间，却感受不到车马喧闹，这是因为心静了就会摆脱周围喧闹气氛的干扰。听父亲这么一说，典典马上就懂了，从此以后无论外面多么吵闹，她都能专心地学习功课。就这样，邓稼先耐心地辅导了女儿 3 个月，女儿的成绩终于上去了。转眼到了 1978 年高考，女儿邓志典和儿子邓志平双双考上了大学。妻子许鹿希颇感欣慰地说：“28 年有数的几次相聚，上天让邓稼先在这个时候回来，对女儿也是一种补偿和安慰吧。”

的确如此，邓稼先为了祖国的国防事业顾不得自己的小家庭，“文革”期间他又无力保护自己的家人，但他对自己家人的爱却是从心底里迸发出来的，在他力所能及时总会给家人提供尽可能多的帮助和支持，对于女儿和儿子学业上的关心和帮助就是明证。邓稼先对于妻子许鹿希的事业发展也十分关心，改革开放后北京医科大学要公派一批教师到美国去做交换学者，许鹿希也在入选之列。此时远在大西北的邓稼先虽然工作繁忙，但他担心妻子英语口语不熟悉听不懂外国人说话，因此专门抽出时间为她准备了英语 900 句和英语口语练习磁带，并将这些内容分门别类后录制到一个便于携带的小磁带上，方便妻子练习口语。许鹿希在丈夫的帮助下英语口语进步很快，到了美国后很快便适应了。

第七章 白手起家研究原子弹

“高粱地”上的“大白熊”

中华人民共和国成立之后，始终遭受着其他国家的战争威胁，无法集中精力搞经济建设。对于年轻的中华人民共和国而言，如果核武器能够研制成功其意义是无可估量的。只有拥有核武器后中国人的腰杆才能真正挺直起来，再也不用担心时刻可能遭受他国核打击的危险。一生热爱和平的法国物理学家约里奥·居里通过自己的学生杨承宗转告毛泽东说：“要保卫世界和平就要反对原子弹，你们要反对原子弹，必须自己拥有原子弹。”

当时以美国为首的西方资本主义国家对新中国一直虎视眈眈，妄图将新中国扼杀在摇篮里。

在朝鲜战争期间，美国也的确有过使用原子弹的念头，据解密的美国文件显示，美军曾把装有原子弹的导弹，运到位于日本冲绳岛的美军基地。1950 年 11 月 30 日，美国总统杜鲁门扬言：“他已考虑同朝鲜战场有联系的原子弹问题。”美联社在转发这一消息时更是毫不隐讳地明言：“杜鲁门总统正在积极考虑使用原子弹来对付中国共产党人，如果有必要这样做的话。”美军最高统帅麦克阿瑟还扬言要把核武器当作普通炸弹来使用，叫嚣着要用原子弹炸平中国，只是美国顾及同样拥有核武器的社会主义大国苏联，害怕挑起核战争方才作罢。美国总统杜鲁门解除了桀骜不驯、口出狂言而又指挥不力的麦克阿瑟的职务。当时的国际舆论也让人们感受到了原子弹威胁所散发出的死亡气息，认为自日本的广岛、长崎被原子弹毁坏以来，没有任何一个国家像新中国这样如此临近原子弹的威胁。1952 年艾森豪威尔当选美国总统，1953 年初他下令将携带核弹头的导弹运往距离中国很近的日本冲绳岛，准备对中国实施核打击，以挽回美国为首的“联合国军”的军事失败。

中国人民志愿军英勇善战，不怕牺牲，在克

服了常人难以想象的困难后最终迫使装备精良、后勤供应充足的“联合国军”在停战协议上签字。中国人民志愿军总司令彭德怀在战争胜利后说了一句让亿万中国人扬眉吐气的话：“西方侵略者几百年来只要在东方一个海岸上架起几尊大炮就可霸占一个国家的时代，一去不复返了。”然而，西方国家核讹诈的阴云依然没能被驱散。1955 年中国人民解放军在解放一江山岛和大陈岛后，美国国会通过决议，正式授权总统可以对中国使用核武器，以此来威慑中国。以毛泽东为首的领导同志清醒地认识到，要想确保中国国土安全和主权完整，在世界上不被其他国家肆意欺负，就必须研制出原子弹和氢弹。为此，研制核武器工作开始摆在国家领导人的议事日程上来。

1955 年 1 月 15 日，毛泽东在中南海主持召开了中共中央书记处扩大会议，会议邀请地质学家李四光、核物理学家钱三强和地质部副部长刘杰等人汇报了我国铀矿的资源分布、核科学研究、核反应堆以及原子弹原理等方面的情况。首次将原子能研究正式列入了新中国建设的时间表。1956 年 4 月 25 日，毛泽东在中共中央政治局会议上发表了题为《论十大关系》的讲话，强调指出：“我们不但要有更多的飞机和大炮，而且还要有原子弹。在今天的世界上，我们要不受人家欺负，就不能没有这个东西。”①

1956年11月的一天，刚刚出任国务院副总理的聂荣臻向周恩来汇报情况，他认为随着国际形势的发展，苏联很有可能会放松对中国出让尖端科技的限制，看能否再和他们谈一谈援助问题，请他们派来专家并且提供一些资料数据，指导和协助中国科学家来搞核武器研究。周恩来沉思片刻后同意聂荣臻先找苏联顾问谈一谈。聂荣臻很快就与苏联驻华经济技术总顾问阿尔希波夫取得了联系。中苏双方经过一年半的反复协商，终于在1957年7月，苏联领导人同意中国派遣政府代表团前往苏联具体商谈向中国提供新技术援助事宜。1957年9月聂荣臻率领代表团赴莫斯科与苏方进行谈判，10月15日达成苏联新技术方面的援华协议。

在这份协议中，苏联援助中国发展核武器是最重要的内容之一，苏联不仅同意给中国提供一

① 叶介甫：《“两弹元勋”邓稼先》，《军事史林》第11期，2006年。

个原子弹教学模型以及相关资料，而且还愿意增加 50 名中国原子能专业留学生的名额。协议签订后，上级领导开始在全国范围内选拔和调动人才，集中力量研制核武器。我国有 26 个部委和 20 个省、市、自治区的 900 多家科研单位，以及实验工厂和大专院校都参与进来，充分发挥了集中力量办大事的体制优势。1957 年，毛泽东亲自率领中国代表团出访苏联，参加庆祝“十月革命”胜利 40 周年典礼，苏联最高领导人赫鲁晓夫率领 500 人迎接。经过双方协商，签订了中苏《国防新技术协定》，苏联明确表示援助中国研制原子弹，并商定中国用农产品来交换苏联的教学模型和图纸资料。有了这份经两国首脑协商后签订的正式协议，中国对研制原子弹充满了期待，希望在苏联的指导下缩短研制原子弹的时间。

在这样的时代背景下，1958 年 8 月，年仅 33 岁的邓稼先被调往第二机械工业部第九研究所（1964 年与九局合并后成立第九研究院，简称“九院”，1985 年 1 月更名为“中国工程物理研究院”）担任理论部主任，担当起核武器理论设计的重任。

邓稼先就任理论部主任后，到北大、清华、北航等名校挑选出 28 名大学生组成了原子弹理论研究的早期队伍，他们平均年龄只有 23 岁。这些人的人生轨迹从此发生了重大转折，他们有机会参与到中国核武器的研究进程中，为发展中国的尖端科技发挥自己的聪明才智。开始时他们被分配的任务是提高俄文的听、说能力，同时再学习核物理的基础理论，从而为翻译即将从苏联运来的原子弹技术资料做好充足的准备。

邓稼先率领着这批大学生白手起家，在北京郊外的一片高粱地上建起了中国第一个核武器研究基地。出于保密的需要，邓稼先和这 28 名大学生平时都以外号相称，他们中的许多人直到现在还没有解密，因而也无从得知他们的真实姓名。这 28 名年轻人有许多是来自湖南、四川这样能吃辣椒的省份，根据他们吃辣椒的厉害程度分别取名为“青椒”“红椒”“尖椒”和“朝天椒”等，不吃辣椒的则依据生肖不同分别取名为“白马”“白虎”“白鼠”“白羊”和“白兔”等。①

---

①魏丛：《100 位新中国成立以来感动中国人物——邓稼先》，长春：吉林文史出版社，2012 年。

在那个年代，劳动吃苦最光荣，因而这些大学刚毕业的高才生们并没有因为要干体力活而有什么怨言。他们和工人们一样当起了泥水匠，和泥、砌砖，忙得不亦乐乎，很快便盖好了安放原子弹教学模型的大厅。在干活时，这些大学生们看到邓稼先这位比他们大不了几岁的留洋博士也十分卖力，都很钦佩。邓稼先穿着一身蓝色中山装，由于亲自参加劳动衣服上还时常沾着污渍。他们见邓稼先身材高大，体格魁梧，干起活来又多少有些笨手笨脚，加上他长时间待在太阳底下也晒不黑，于是便给他起了个外号叫“大白熊”。

大厅盖好后他们终于忍不住开始向邓稼先要求分配科研任务。邓稼先看着这些年轻大学生单纯而又略带稚气的眼神，于是从书包里拿出三本书来，戴维森的《中子输运原理》、泽尔多维奇的《爆震原理》和柯朗的《超音速流与冲击波》，告诉他们要先把这三本书弄懂读透。有些大学生不明白邓稼先葫芦里到底卖的什么药，为什么要读懂这三本书？但有的大学生却看出了门道。反应机敏而又外向的“青椒”按捺不住地问是否跟原子弹有关。邓稼先马上打断了“青椒”的问话，严肃地强调要遵守纪律，不该问的不要问。

亲自开办“扫盲班”

虽然这些大学生都是精挑细选出来的，但来自不同的专业，对于原子弹理论也知之不多。邓稼先为了让这批大学生尽快进入角色，他执起教鞭开办了原子理论“扫盲班”。他们白天一起劳动，晚上聚在一处看书学习。在邓稼先的耐心指引下，这些年轻人进步很快，后来大都成长为原子弹和氢弹的理论设计专家。由于这些选拔出来的年轻人当时最主要的任务是翻译和学习苏联将要提供的图纸资料，因此学习俄文成为他们的必修课，包括邓稼先在内都开始认真学习俄文。

冬天到来后，由于他们刚刚盖起来的宿舍墙壁还是湿的，地也是湿的，因此弄得被褥湿漉漉的。邓稼先他们在屋里冻得瑟瑟发抖，又没法裹着被子看书，因此他常常带着几个年轻人到一家生着火炉的副食店里去看书。众人围坐在烧得通红的大铁炉旁看书虽然也是别有趣味，但久而久之也难免让人感到厌倦，尤其是年轻人正处在精力旺盛、活泼好动的阶段，而研究基地里的生活

却单调乏味，缺少娱乐活动。

有一回他们在副食店看书时，有个年轻人忍不住对邓稼先说：“大白熊，吉祥戏院今晚有马连良的《四进士》，咱们去看看怎么样？”邓稼先看着这个年轻人满含期待的眼神爽快地说：“走，今天放大家一晚上假，瞧戏去，我请客。”众人不由得欢呼起来，有个年轻人泼冷水说：“你知道戏票早卖光了，才敢说此大话吧！”大家顿时都用充满疑惑的眼神看着邓稼先。邓稼先却显得镇定自若，不慌不忙地说：“什么话？就是真的没票，我也能弄到票。骑车子走！”原来邓稼先是个老戏迷，他此前经常和许鹿希一起到戏院看戏，一开始戏院的票价很贵，去看的人不多，因此不论早晚购票都不成问题，但是后来随着票价降低，看戏的人多了起来，票就有些紧俏了。由于邓稼先经常抽不出时间提前去买票，只好等别人的退票，久而久之，他练就了一个“绝招”，在戏院门口他根据过往行人脸上的神色就差不多能断定这个人退不退票。由于他凭着以往的经验知道在戏开场前总会有人退票，所以才胸有成竹地给大家打了包票……

后来，邓稼先他们翘首以盼的苏联专家终于

在 1958 年年末到来了，但按照协议苏联承诺提供的一车皮的原子弹技术数据和原子弹教学模型却始终连影子也没见到。

时任核工业部部长宋任穷和副部长钱三强一起去拜会了苏联三人专家小组。宋任穷对专家小组组长提出请求，由于原子弹教学模型还没有到，看能不能先请他讲讲原子弹的原理、结构和设计，以便提前学习学习。这个组长倒是真心实意地想帮助中国研制原子弹，所以他十分爽快地答应下来，并且还保证自己会像苏联的“原子弹之父”库尔恰托夫那样倾力帮助中国研制出核武器。同时他也提出了一个要求，由于原子弹是苏联的最高军事机密，因此必须限制听讲人数，以免扩散机密，只允许宋部长和钱副部长等 5 个人听课。在准备授课时，或许是为了防备摄像或者窃听，他又临时把授课地点改到了部长办公室。由于当时准许听课的 5 个人都是有着较高行政级别的政府官员，因而也很有可能是这位专家组组长误认为他们都不懂核物理知识，即便讲给他们听听也无所谓，才答应了部长宋任穷的请求。不管怎么说，他还是讲了些真正的机密级别的知识。事实

上，副部长钱三强是居里夫妇的得意门生，对核物理颇有研究，在法国留学工作期间就曾被誉为“中国的居里”。

一开始，这位组长讲解得十分详细，还在黑板上画了一些图形和公式，也讲了原子弹的原理和相关数据。但后来却因苏方派来的“监视员”不断“咳嗽”暗示，并且还明确要求他讲得精练些，再精练些，因而这位专家后来就变得有些含糊其词、应付了事，不但讲解的内容很零乱，而且在黑板上偶尔画一个简单的图形也会立即擦掉。宋任穷他们明知这位专家是在苏联“监视员”提示和监督下不得已才如此的，因此也不好说什么，他们只能更加认真地听讲，并且抓紧时间做记录，不肯放过专家讲过的每一个字符、每一个公式和画下的每一个图形。

讲课结束后，苏联“监视员”以今后还会提供详细的图纸和资料为由要求部长们只能听讲，不能记笔记，原来记好的笔记必须全部当场烧掉。宋任穷部长以自己的名义担保由他来亲自销毁这些笔记，一看部长发话了苏联“监视员”也没有再坚持，勉强同意了。宋任穷当然不会听从苏联人的摆布将这些宝贵的资料烧成灰烬，而是把这些资料全部锁进了二机部的保险柜里。后来，这些资料派上了大用场，发挥了很大的作用，邓稼先带领年轻人开始原子弹理论研究时首先想到的便是取出这些笔记，进行深入细致的研究。邓稼先他们借助这些数据资料通过大量计算得出了正确的原子弹数学模型，从而奠定了原子弹的理论基础。因此，这位苏联专家可以称得上是念真经的“真和尚”。苏联对此也有所警惕，原本苏联专家组在讲完课后还计划到杭州和桂林等地游玩一番，但最终却取消了所有行程安排，提前回国了。①

此后，好不容易又盼来了另外一组苏联专家。为首的别列涅金还没走进大厅便皱起眉头说：“路怎么这样窄，这样不平，怎么能把娇贵的模型运进来?”在参观完准备安放原子弹模型的大厅后他又给出了不够高、不规范、不标准的“三不”评定。邓稼先他们为了不因自身条件导致苏联推迟原子弹模型起运，马上动手掀掉了顶棚，按照苏联专家的意见重新加高加固大厅。当时，聂荣臻

① 《苏方资料出错致邓稼先埋头算了一年》，《福建老年报》第 6 版，2013 年 12 月 10 日。

元帅、陈赓大将、宋任穷上将和李觉少将等也经常利用休息日来参加劳动。邓稼先和大学生们深受鼓舞和感动，他们一丝不苟地按照最高标准修建大厅。邓稼先他们用水平仪进行精密测量，将道路修建得十分平整，几乎毫无偏差。

然而没想到的是，这个苏联专家组组长不断提出新的要求，他先是以加强安全防止模型泄密为由让大家在大厅周围挖一个隔离带，之后又要求在四周围上铁丝网。同时他以让核物理学家在开满鲜花的舒适环境里工作为由列出了涉及100多个学科的人才需求表，其中竟然有纺织、农艺和花匠等多种服务人员。邓稼先他们很快便意识到这是苏联专家有意在找借口拖延时间，一些年轻大学生难免会有些怨气。邓稼先安慰他们说：“大家要沉住气，不要当面抱怨，不要因我们的工作失误给他们提供借口，拒绝交付原子弹教学模型，大家暂且忍耐着，等到模型一来就万事大吉了。”

邓稼先寻找机会想跟别列涅金咨询一些有关原子弹研制方面的技术细节问题，但每次他刚一提出来就被别列涅金搪塞过去了。他还趾高气扬地对向他求教的年轻科学家们说：“你们就把书好好念一下就可以了，学好俄文就行了。”他还给年轻科学家指定了很多的参考书，足有一车书需要读。别列涅金的这一做法，其实是想把邓稼先领导的研究小组带入歧途。等到将他列出的这些书一本本全部读完，几十年都过去了，还怎么去研究原子弹。后来邓稼先自己归纳了几个原子弹理论设计上的关键问题向他寻求答案，也被他干脆地拒绝了。别列涅金在贴身口袋里装着一本资料，但他从不让中国科技人员看，上班时神秘兮兮地掏出来自己看看，下班时又像宝贝一样装进口袋带走。由于他和此前愿意传授“真经”的专家组组长正好相反，被年轻人送了个“哑巴和尚”的外号。

别列涅金折腾了大半年后，自己也觉得这样待着没什么意思，终于借口“北京太热”回苏联去了。临走时他也没有空着手回去，而是带走了一卡车的中国布料和食品，同时还留下了一句话：“在原子领域，你们中国人还是一片空白。”这个空白原本指望着在这些苏联专家指导下填补的，但现在却注定只能靠中国人自己了。自从别列涅金走后，苏联就连这样的“哑巴和尚”也不再派遗了。

事实证明，天下没有免费的午餐。苏联是不会轻而易举地把原子弹的核心秘密毫无保留地提供给中国的。1959 年，苏联最高领导人赫鲁晓夫提出了交换条件，中国要想得到原子弹，就必须在中国领海建立苏中联合舰队，而且还要在中国领土上设立长波电台，也就是说要把中国完全置于苏联的保护和监视之下，成为苏联的势力范围。如果中国答应了苏联的无理要求，主权将会受到严重损害。以毛泽东为首的领导同志高瞻远瞩，决不答应。赫鲁晓夫在碰了一鼻子灰后不由得恼羞成怒，他扬言如果毛泽东不参加苏联的核保护伞，那就什么也不给他，让他和他的人民连裤子也穿不上。

1959 年 9 月 14 日，赫鲁晓夫访美前夕给中共中央发来一封信，他以苏联正在与美国、英国洽谈禁止试验核武器协议为由要求改变原来签订的协议，不再履行曾经给出的承诺，以免苏、美、英谈判受到影响。信中特别提到苏联政府决定两年内不向中国提供原本约定的原子弹教学模型和相关图纸资料。赫鲁晓夫 9 月 27 日访美结束后，又于9月30日率领代表团参加中国国庆10周年活动。赫鲁晓夫在天安门城楼上观看国庆阅兵礼时，突然对坐在身边的毛主席说："关于生产原子弹的事，我们决定把专家们撤回去。"毛主席对此早有预料，镇定自若地回答："需要是需要，也没什么大关系。技术上能帮助我们一下更好。不能帮就由你们考虑决定。"事实上，1959年9月苏联就已经撤走了帮助中国研制原子弹的专家，留给中国的是矗立在西部荒漠上的半拉子工程，早先承诺的原子弹教学模型和图纸更是连影子也没见到。

随着中苏两国关系的破裂，在赫鲁晓夫的指示下，苏联于1960年7月16日决定单方面撕毁了同我国签订的600个合同，中断所有对华援助，撤走所有在华专家，带走全部图纸资料。尽管中国政府一再挽留和交涉，但始终未能让赫鲁晓夫回心转意。1960年7月28日至9月1日，苏联陆续撤走了在华的1390名专家，将支援我国开展核工业系统工作的200余名苏联专家全部撤走，同时严令必须带走全部重要的图纸资料。苏联的背信弃义致使中国在建的200多项重大工程处于瘫痪状态，加剧了正在遭遇严重经济困难的中国人民的苦难。

苏联核专家在撤走时预言，离开苏联的援助，中国 20 年也造不出原子弹，如果不把他们重新请回来，那些已经建好的设备也会变成一堆烂铁。

中共中央没有屈服，毛泽东在听了李富春报告由于苏联专家撤走对中国原子弹研制所造成的严重影响后说：“赫鲁晓夫不给我们原子弹这个尖端技术，极好！如果给了，人情太大，恐怕很难还清，我们自己一定要拿下这个尖端技术，等我们成功了，就给赫鲁晓夫发个一吨重的大奖章，感谢他的激将法。”

当时正值三年经济困难时期，全国人民都在忍饥挨饿，有不少负责经济工作的高级干部建议等经济状况有所好转后再进行原子弹研制，但是军队里的高级将领却并不赞同，他们认为这关系到国家的安全和新中国的前途命运，必须排除万难加紧研制原子弹。当时陈毅元帅态度十分坚决，他说：“一天都不能等，一天都不能停。就是当掉裤子，也要把原子弹搞上来。”贺龙、聂荣臻和叶剑英等也主张坚决搞下去。最后毛泽东下定决心，哪怕全国人民勒紧裤腰带也要依靠中国人自己的力量研制出原子弹，“原子弹就是这么大的东西，没有那个东西，还真就不行！那么好吧，搞一点原子弹、氢弹，我看有十年工夫完全可能”。

为了勉励中国科技人员，也是为了永远记住苏联 1959 年 6 月撤走专家这一刻骨铭心的时刻，中国原子弹工程的代号被定为“596”。事实上为了保密，各国在研制原子弹时都会使用代号。美国将研制原子弹的计划称作“曼哈顿工程”，只有中国是以 1959 年 6 月这一特定时间来命名的，以此来表明中国不会因苏联专家撤离而举步不前，而是要卧薪尝胆、攻坚克难，依靠中国人自己的力量制造出原子弹。

在苏联专家撤走后的一天，宋任穷部长让邓稼先把理论部的年轻人召集到会议室，他号召大家不要气馁，要拿出志气来，彻底打破苏联人的预言，造出我们自己的原子弹，让嘲笑我们中国人“没裤子穿”和“要卖废钢烂铁”的苏联人吃惊去。宋部长问身旁的一个大学生是学什么专业的，这个大学生回答说是空气动力学。宋部长听后面带笑容地说道：“好呀，怒发即气动，有气就有动力，好好干，干出个‘争气弹’来。”

不负众望挑起“龙头三次方”

在苏联专家撤走后，原本接受仿制苏式原子弹任务的邓稼先被委以重任，寄予厚望。1959 年 6 月，副总理聂荣臻对二机部副部长钱三强说：“我们要完全依靠自己的力量，来攻克原子弹、氢弹方面的尖端科学技术问题，我们一定要争取在国庆 15 周年前后试爆成功我国的第一颗原子弹。至于人员选定，由你负责点将，点到哪个单位，哪个单位都不能打折扣。”钱三强知道事关重大，马上开始着手调兵遣将，他让邓稼先到他的办公室，一脸严肃地对邓稼先说：“现在苏联专家指望不上了，原子弹的理论设计就交给你所领导的理论研究室了。”时任二机部副部长的刘西尧曾用“龙头三次方”比喻当时的情形，他说：“核武器研制的龙头在二机部，二机部的龙头在核武器研究所，研究所的龙头在理论设计部。”身为理论设计部主任的邓稼先就此担负起原子弹研究中最为关键的理论设计工作，成为中国第一颗原子弹理论设计的总负责人。

在此之前，中国科学家都没有亲自参与过原子弹制造，甚至连原子弹模型都没有见过，加上西方国家都将原子弹制造技术视为国家的最高机密，对原子弹制造技术实施严密封锁，因而仅凭对原子弹有限的了解要想制造出原子弹的确绝非易事。就好比在建造摩天大厦时，如果图纸设计上出现差错，将会直接影响到房子的质量，甚至有可能出现大厦倾斜或者垮塌的危险，原子弹也是如此。一旦理论设计上存在问题就会导致原子弹研制工作陷入僵局甚至酿成重大的事故。原子弹研究是要投入巨大的人力、物力、财力的。据后来的数据显示，中国研制原子弹累计投入相当于打了两场朝鲜战争，这对于当时还是一穷二白、百废待兴的新中国而言可谓是天文数字。

因此，如果理论设计不能取得成功的话，不仅会拖延整个原子弹研究的步伐，也将给国家带来重大的财产损失，从而成为民族的罪人。邓稼先在受命之初便感到了身上担子的沉重，可以说他是顶着千钧重担来搞研究的。但压力同时也是动力，邓稼先承受着普通人难以想象的压力，他毫不畏惧，决心带领九院的科研人员日夜奋战，自己动手，从头开始，争取早日突破原子弹的理论设计障碍，他常常对身边的年轻大学生说：“研制核武器是中国人民的利益所在。国外对我们封锁相关信息，专家也撤走了，现在只有靠我们自己了。我们要甘心当一辈子无名英雄，还要吃苦担风险。但是，我们的工作，能振我国威，振我军威！我们为这个事业献身是值得的。”

当然，原子弹不是空有决心或者高喊几句口号就能研究出来的，而是必须付出巨大的努力后才能最终实现。面对一片空白，研究如何进行下去，这是邓稼先首先需要考虑的问题，从事核物理研究的他深知这是一种极为艰难的选择。那个时候，邓稼先在重压之下好像突然变了个人一样，原本开朗活泼的他变得沉默寡言、不苟言笑。

多年以后，妻子许鹿希回忆当年的情景时这样说：“在这段时间里，他非常沉默，即便有时候在家里说起有趣的事，他开怀大笑的时候，也会突然中断笑声，我感觉到他整个人被分成了两半，工作那一半永远在运转，即使放松下来，也是短暂的一瞬间。邓稼先在思考问题的时候爱听贝多芬的《田园交响曲》。有一天我突然发现，邓稼先换了一首曲子《命运交响曲》，这个时候，我正站在他身后，我明白他心里承受多大的压力，他强烈的爱国心和责任感需要从这首曲子里汲取勇气和能量，假如命运就是原子弹，那么他要紧紧抓住自己的命运！”

摆在邓稼先面前的问题很现实也很让他感到头疼，他苦苦思索着怎样才能找到原子弹理论研究的正确方向。最终，邓稼先选定了三个主攻方向，他将理论部的全体科研人员分成三个小组，分别是中子物理组、流体力学组和高温高压下的物理性质组，分别负责中子输运、流体力学和高温高压下的物理性质（爆轰物理）等基础理论研究。主攻方向的确定是邓稼先对我国原子弹研究做出的最大贡献。后来的研究情况表明，苏联拒绝支援并非全是坏事，它不仅激发起中国人的民族自尊心，同时也迫使中国从此走上了独立自主发展核武器的道路，最终让中国人重新获得了民族自信心，使得中国得以屹立于世界民族之林并最终走向伟大复兴的光明前途。

与此同时，理论部也补充了大量的新鲜血液，从全国的名牌大学中先后选调了近百名大学毕业

生到理论部。由于我国许多大学直到1956年才开始设置物理专业，因而调来的学生虽然都是大学中的精英，但所学专业却五花八门。既有学物理的，也有学数学、冶金、建筑和外文的，因此邓稼先在从事研究工作的同时还要给新来的年轻人上课，原子理论“扫盲班”比以前更为红火了。邓稼先又带领这些新补充进来的年轻人认真研究起那三本书来。柯朗的《超音速流和冲击波》原版是英文版的，但邓稼先他们只有一册俄文译本，遍寻北京图书馆也没有找到英文版的。于是邓稼先决定与年轻人一起将这本俄文译本一章一章翻译出来，然后再在钢板上刻写蜡纸自己油印。一开始他们集体阅读，让一个外语好的年轻人读一段原文，他们再一起进行翻译和讨论，经常一直持续到深夜。后来邓稼先担心年轻人不能很好地休息，会影响到他们的身体健康，决定由他一个人通宵阅读，第二天再讲给年轻人听。邓稼先时常备课至凌晨三四点钟，睡上两三个小时后再继续白天的工作。①

为了培养年轻人，邓稼先先后写出了电动力

① 《邓稼先抱怨“一个太阳不够用”》，《世界报》第23版，2013年8月7日。

学、等离子体物理、球面聚心爆和爆轰理论等涉及多个方面的理论问题的讲义。他还和周光召合作写成了《我国第一颗原子弹理论研究总结》一书，这部著作总结了近百位科学家的研究成果，成为培养核武器科研人员的入门教科书，为我国培养出大批的核物理科研人员。

虽然邓稼先废寝忘食地忙于工作和培养年轻人，但他却十分体谅年轻人，为了让这些年轻人能够得到休息，在工作之余享受到一些娱乐，他总是抽空与年轻人玩一会儿“木马”游戏。有一次，王淦昌教授看见他们正在玩这种游戏，又好气又好笑，故意绷着脸对邓稼先说：“这是什么玩法，你还做儿戏呀!”邓稼先笑着说：“这叫互相跨越!”互相跨越，这是一种多么亲密的同志关系啊！由于邓稼先对年轻人爱护有加，深得年轻人的拥戴，因此他又得了一个“老母鸡”的新绰号，而年轻人也的确像是“老母鸡”护翼下的“小雏鸡”一样紧紧围绕着他。

邓稼先把全部精力都倾注在工作上，甚至已经到了痴迷的状态。他领着年轻人在图书馆里查数据，一待就是一天，饿了啃几口玉米面窝头，

渴了喝一杯白开水。图书馆中午要关门时他们便恳求管理人员将他们锁在里面。有时他吃完饭后躺在床上，看着天花板或者闭上眼睛，实际上却并没有睡着，而是凭着脑子里记忆下来的内容在推导公式，很多难点都是这样被破解的，但也因此常常闹出笑话。有一次，邓稼先骑车时还不停地思考问题，突然连人带车掉到了路边的沟里。还有一次，邓稼先去图书馆看书回来时已经是深夜了，周围漆黑一片，他看不清路面，结果被绊了一下摔倒了，感到极度困乏的他竟然躺在地上睡着了。第二天邓稼先起来一看，却发现自己正躺在一个坟墓前，绊住他的正是墓碑。

还有一回，邓稼先在给年轻人讲课时突然声音消失了，只见他微闭着双眼站在那里，粉笔从手指间滑落下来掉到地上，随着“啪”的一声，邓稼先惊醒了。原来，他昨晚思考那个超难的“轰炸方程式”时熬夜熬得太晚，双眼都布满了血丝，他因劳累过度讲着讲着竟然不知不觉睡着了。

邓稼先在忙着给年轻人“扫盲”的同时，还要抓紧时间带领各个小组开展科技攻关，尤其高温高压下的物理性质小组是由他本人亲自领导的。

由于当时的研究资料奇缺，科研工作一时间陷入停滞状态，这时他突然想起了宋任穷部长锁在保险柜里的听课笔记。在请示了宋任穷部长后，他和钱三强等人开始一起整理这些仓促记录下来的“天书”。之所以说是“天书”，是因为当时苏联专家讲解的速度很快，听讲人为了最大限度地将这些图形和公式记录下来字迹十分潦草，内容也十分简略，有些地方使用的还是简写的代码，因而没有深厚的科学技术功底，不下一番功夫是不可能看懂的。经过邓稼先他们的认真整理，终于从这些看似毫无逻辑、混乱不堪的笔记中整理出一份颇有价值的简易原子弹设计草图。

在之后近一年的时间里，邓稼先先后进行了9次运算，光演算用纸就装了好几麻袋。邓稼先将科技人员分成几组，每日三班倒，经常都是通宵达旦，那个时候还没有大型计算机，他们的计算工具非常原始，有算盘、计算尺、手摇计算机，甚至是纸和笔，每算完一次就需要一个多月。①

一天晚上，距离九院不远的一个单位露天放

① 《苏方资料出错致邓稼先埋头算了一年》，《福建老年报》第6版，2013年12月10日。

映歌舞电影片《阿诗玛》，院里的年轻人听着优美的音乐声不由得被吸引住了，他们纷纷请求邓稼先给大家放一晚上假，让大家紧绷着的神经放松一下。邓稼先非常能够理解他们的想法和感受，但工作不能停滞，最后他决定两人一组，轮流去看电影，规定每组只能看 20 分钟。就这样，在不影响工作进度的前提下让每个人都过一把瘾。

然而，经过多次计算，在原子弹总体力学的一个关键参数即原子弹爆炸时内部所要达到的大气压的数值却始终和苏联专家讲课时所说的不一致，邓稼先带领年轻人用特性线法得出了与苏联专家完全不同的结论，两者相差近一半。邓稼先他们开始认为可能是自己的算法有问题，但经过多次检验也没有发现哪里存在问题。

为了弄清问题究竟出现在哪儿，在上级领导的协调下从全国各地抽调了大批物理学、力学和数学方面的专家对此展开了分析讨论。同时为了加快原子弹研究的进程，国家又抽调了著名的核物理专家王淦昌、彭恒武和郭永怀等共同协助邓稼先搞好原子弹的理论设计。因此，一时间九院理论部人才济济。

但当时并没有人怀疑苏联专家给出的数据有误，依然认为在计算中出了问题，在提出一些改进条件后再进行新一轮的计算。

与此同时，又有大批的新鲜血液补充进来。原来自从苏联专家撤离后，一大批中国留苏学生知道祖国此时正是用人之际，他们纷纷请求回国，在苏联杜布纳联合核子研究所工作的周光召、吕敏、何祚庥等人也在其中，他们要求立即回国参加原子弹理论研究。时任高教部部长的杨秀峰在迎接留苏学生欢迎仪式上十分动情地说："苏联专家走了，我们的才子回来了，你们是'永久'牌的，一定要为我们的国家争气。"

随着研究人员的不断增加，九院原有的两栋房子很快就住满了，剩下的人只能住到附近的农家院里。由于当时农家的卫生条件较差，很多年轻人身上都生了虱子。周总理得知这一情况后让友谊宾馆腾出了一些客房，同时安排大客车接送他们上下班，这才解决了居住问题。

这批留苏学生对于中国原子弹理论研究的推进做出了巨大的贡献，加快了研究的进程。时年32岁的周光召被任命为理论部第一副主任，协助

邓稼先做好原子弹的理论设计。邓稼先、周光召和其他六位副主任一起被人们称为理论部的“八大金刚”。周光召在听取了专家们的意见和参加了计算工作的年轻人的汇报后，又仔细核对了计算所用的公式和参数，分析了繁杂的计算结果，并没有发现什么问题，他怀疑问题并不是出现在我们的计算中，而是很可能苏联专家给出的数据本身就是错误的。最后周光召从物理学的角度证明即使炸药做了最大功，没有任何能量损耗，也无法达到苏联专家所提供的数据强度，从反面证明邓稼先他们得出的数据是正确的，从而破解了这一关键问题。对此，著名数学家华罗庚说过，这次运算是“集世界数学难题之大成”的成果，对于原子弹研制有着重大的应用价值。

事实证明，邓稼先他们所进行的九次运算并不白费，正是由于这个错误的数据，邓稼先他们反复进行运算，从而夯实了中国第一颗原子弹的理论设计基础，比较透彻地认识到原子弹内部的爆炸过程。同时也锻炼了年轻人，形成了技术骨干力量。更为重要的是，在推翻苏联专家数据的基础上树立起中国人要制作出自己的原子弹的信心。计算结果的确证扫清了理论设计的主要障碍，使得原子弹的理论设计工作得以继续向前推进，从而加快了理论研究的步伐。

忍饥挨饿奋力攻克难关

孟子在《生于忧患，死于安乐》这一旷世名篇中这样说过：“故天将降大任于斯人也，必先苦其心志，劳其筋骨，饿其体肤，空乏其身，行拂乱其所为，所以动心忍性，增益其所不能。”对于当年参加原子弹理论研究工作的专家学者而言正是如此，他们经历了“饿其体肤，空乏其身”的磨难，但他们没有气馁，也没有怨声载道，更没有因自己身负重任而向国家伸手要粮要钱，而是在邓稼先的带领下忍饥挨饿奋力攻关。

从开始研制原子弹的那一天起，中国就已经处于三年经济困难时期，全国上下都在节衣缩食。1960 年，就在原子弹科研攻关进入最关键的时刻，已经持续两年多的全国性饥荒也蔓延到了九院理论部。

邓稼先领导下的科研人员的粮食定量从原来每人每月的 35 斤降到了 28 斤。因为他们大都是年轻人，加上脑力消耗巨大，常常日夜加班，所以经常饿得头晕眼花。说到这里，人们普遍有一个认识上的误区，认为脑力劳动者不需要进行大量高强度的四肢运动，能量消耗要比体力劳动者小得多，但实际上却并非如此。人们在不进行脑力思考的时候也要不断感知外界环境所发生的变化，需要大脑来进行信息处理，这就如同待机状态的电脑一样，只要处于开启状态就要损耗能量，由于这时候大脑需要处理的信息量很小，因而耗氧量要比百米竞赛等高强度的体力劳动要小得多。但是当人们进行计算、设计之类高强度的脑力劳动时，脑部神经元的耗氧量甚至可以达到人体氧气总吸入量的七成以上，这时大脑处于超负荷运行状态需要消耗大量的能量，对于能量的需求会大于体力劳动，所以坐在办公桌前紧张思考的科研人员由于消耗的能量很大，也会觉得饿。尤其是到了科研攻关的关键时刻，更是需要进行大量的计算。当时全院只有一台从苏联买来的“乌拉尔型”小容量计算机，此外还有四台手摇计算机，需要用手摇动着来进行计算，因此体力消耗也很大。一开始，九院的工作人员还不太好意思谈吃的，后来大家肚子里的油水越来越少，整天饿得头晕眼花，有的同志甚至出现了胃痉挛。大家实在是熬不住了，忍不住对邓稼先说："老邓，饿啊！"

办法总比困难多，有的同志开动脑筋，想起酱油是黄豆做成的，含有营养成分，于是便找医生开出证明买来一瓶酱油，兑上开水后分给大家喝，打起精神来继续工作。即便是酱油也不能管够，大家相互鼓励，喝上一杯酱油汤就要坚持工作 1 个小时以上。但这并不能从根本上解决问题，由于长期缺乏营养，不少人开始出现身体浮肿的症状。邓稼先看在眼里，疼在心上。虽然他也和大家一样在承受着挨饿的滋味，但他毕竟还能从父母和岳父岳母那里得到一些支援，还没有到出现身体浮肿的地步。邓稼先不忍心看着大家忍饥挨饿，自己却独自享受，于是将父母和岳父岳母支援他的一点粮票全部用来买饼干之类的食物，在工作紧张时和同事们共同分享，可是苦于僧多粥少，分到每个人手里时只有一两块。虽然这一点点饼干对于饥肠辘辘的青年科技人员而言无疑是杯水车薪，并不能从根本上解决饥饿，但他们都十分感动，决心克服一切困难抓紧工作。后来就连高价饼干也很难买到了。由于粮票有限实在不够大家分的，为了激励大家鼓起干劲，邓稼先想了一个办法，他把粮票拿出来作为奖励，让大家进行比赛，谁计算得又快又准就奖励谁几两粮票。

当时九院的计算机还是电子管的，一台就有一间屋子那么大，每启动一次就需要 24 小时，而一天就要消耗几百度电，因此一旦开机就不能停，必须连续运转。有一次，在夜间进行模型计算时，本来邓稼先不用当班，但他不放心，睡不着觉，凌晨 3 点便来到机房检查计算结果。等他们忙完时天光已经大亮了，忙碌了一夜的同事们一个个饥肠辘辘、疲惫不堪。邓稼先问一个名叫孙清河的年轻专家：“昨晚你们吃夜宵了吗？你们饿不饿?”孙清河如实回答说：“饭还吃不饱，哪有粮票吃夜宵呀!”让大家感动不已的是，邓稼先当即从口袋里摸出几张粮票来，分给在场的每个人 4 两，这 4 两粮票在当时也仅够换两个馒头。

然而时隔近半个世纪后，当时在场的同事们回忆起来依然心情十分激动。孙清河在回忆当时的情景时动情地说：“那时候，每人每月只有 28 斤粮票，又没有副食，粮票是多么珍贵呀！现在，你给我4两黄金也无法让我产生当年接过老邓给的4两粮票时那样激动的心情。每当想起这件事来，我总觉得当时不应该收老邓的粮票，因为当时大家每月都只有28斤粮票呀!”实际上这些昔日朝夕相处的同事们所看重的并不是这区区4两粮票，而是邓稼先体恤下属的一片真情。邓稼先身为理论部主任，却始终能够以身作则，在生活上和大家同甘共苦，从不搞特殊化。当时的一位年轻同事后来回忆说：“我大学毕业后被分配到九院工作，我第一次见到邓院长是在九院的食堂里，邓院长和他的警卫员共用一个饭盒吃饭，邓院长用饭盒盛饭菜，警卫员用盒盖盛，给我留下了深刻的印象。”正是邓稼先严格要求自己，时刻为大家做好表率，才得到了理论部年轻人的衷心爱戴，在他的带领下忍饥挨饿分成三班没日没夜地开展理论计算工作。理论部拨算盘的“噼噼啪啪”声和手摇计算机的“嗡嗡”声响个不停。算完的纸带子和计算机的穿孔带子打捆后放进麻袋里，逐渐从地板一直堆到天花板，最后堆满了整间屋子。同时窗台上的空酱油瓶也逐渐增多了起来。

聂荣臻元帅此时身为国务院副总理，主管科

技工作，他十分关心原子弹研究的进展情况。这一天他因病住院，趁着医生没注意，他离开医院来到九院。当他看到一位年轻科技人员因营养不良脚踝肿得发亮时，半天都说不出话来。他马上问还有多少人出现了浮肿，得到的回答是还有不少人。聂荣臻元帅回去后立即向周总理报告了这一情况，同时他连夜给成都、广州、南京、沈阳等军区的将军们打电话，他在电话里这样说道："喂，我是聂荣臻啊，我向你们化缘了！我们的国防科学家们在挨饿，很多人身体都浮肿了！怎么也不能让我们的科学家饿着肚子熬夜攻关呀！希望军队援助我们的国防科技队伍……"

很快，部队支援的大米、白面、鸡蛋、肉类等从全国各地纷纷运到核研究基地。聂荣臻元帅专门发出指示，强调这些食品蔬菜都是指定分配给科技人员的，其他人员一律不准享用。与此同时，原来担任二机部部长的宋任穷此时正兼任东北局书记，他在得知这一消息后想方设法调拨了2.5万公斤的大豆运往九院。九院领导制定出详细的分配方案，这些大豆行政干部一粒也不许吃，全部分发给一线科技人员，每个科技人员每天一勺清煮黄豆。这些临时援助帮邓稼先他们解了燃眉之急，确保了科技人员的身体健康，使得他们能够全力以赴搞好科技攻关。除了这些临时的援助外，周恩来在经过研究后作出特别指示，决定让这些科技人员享受“特供”。

1962 年 11 月，为了进一步加强原子弹研制的领导和协调工作，中共中央批准成立了以周总理为首的中央专委，在人力、物力、财力等各方面进行统一调度，先后选调了 100 名技术骨干、6000 名大中专毕业生加入原子弹的研制队伍中去。同时，通过全国大协作，研制生产原子弹所需的 2 万余种各式特殊材料、部件和其他配套产品，解决了 100 多个原子弹研制过程中遇到的重大问题。与此同时，近 10 万名解放军官兵和建设者们抓紧建设西北核武器试验场和研制基地。这些重大举措的实施有力地加快了原子弹制造的进程。

1962 年 12 月 4 日，张爱萍、钱三强、王淦昌和邓稼先等人一同前往周总理位于中南海西花厅的住所汇报工作。周总理关切地问邓稼先，中央拨给他们的“特供”领到了没有，年轻人中还有没有再出现身体浮肿的情况。邓稼先非常感激地告诉周总理，“特供”已经发下去了，年轻人的浮肿现象也没有了。在交谈中，周总理满怀慈爱地对邓稼先说：“你们的工作可是原子弹的龙头啊！你写的那份两年规划我已经看过，前后看了好几遍，很振奋人心！”邓稼先由于是第一次见到周总理，因此多少有点紧张，连说话也有点哆嗦了。周总理为了缓和邓稼先的紧张情绪，半开玩笑地说：“稼先同志，我们都是上了年纪的人，有高血压，你这一哆嗦，就把我们的血压都哆嗦上去了。”大家听周总理这么一说不由得哈哈大笑起来，邓稼先紧张的情绪也缓和下来，感到一下子轻松了许多。邓稼先详细地汇报了整个的理论设计方案和中间可能会出现的问题。周总理听得非常认真，由于总理办公室的桌子不够大，他们就把设计图纸铺在地上，一边讲着一边蹲下来仔细研究图纸。

这次会谈一直持续到凌晨三四点钟才结束，周总理把大家留下来一起吃晚餐。每人一碗白菜豆腐肉片汤，两个煮鸡蛋和四个包子。周恩来总理亲切地招呼着他们：“吃吧，吃吧。”年富力强的邓稼先拿起盘子里的包子一口一个，连续吃掉了四个半两一个的包子。周总理把自己面前的那一盘推过来让邓稼先吃，邓稼先连忙把盘子推过去，感激地对周总理说:“总理，您吃……”“不，我不饿，”周总理端起茶缸，“我喝这个。”当时，邓稼先和另外几位科学家并不知道周总理喝的是兑过水的稀玉米粥。后来，当周总理身边的警卫员告诉大家实情的时候，邓稼先他们都震惊了。饭后，周总理的秘书抱歉地告诉大家，由于总理和邓大姐的粮票是定量的，并不宽裕，没有多余的，所以要请大家每人交一两粮票，花费的现金则由总理来付。由此可见当时粮食紧张的情况。身为一国总理尚且以身作则，不搞特殊化，却还想着为科学家们提供尽可能多的照顾，邓稼先他们都很受感动。邓稼先当天身上没带粮票，因此就只好欠下了这一两粮票，后来直至总理去世邓稼先也没能找机会还上。1976 年 1 月 8 日，当邓稼先听到周总理去世的噩耗时禁不住号啕痛哭，他哭着从口袋里找出一两粮票，一边用火柴点着一边泣不成声地说着他还欠总理一两粮票。从此，邓稼先的工作干劲更足了，他决心要拼尽全力争取早日突破原子弹理论设计中的难关，就连头发

长了也没有时间去理，让同事用剪子草草理一下将就过去，一心扑在研究工作上。①

由于西方国家对于核武器实行严密的技术封锁，因此邓稼先他们几乎找不到多少参考数据。在这种情况下，他们独辟蹊径，从图书馆抱回了一大堆别国核电站发生事故的材料，创造性地从相反的角度进行推断，从而解决了原子弹爆炸的一些理论问题。原来，在通常情况下，核电站原子能反应堆中发生的中子链式反应是可控的，因而披露的相关材料对于原子弹研制而言并没有多大用处。但出事故时的失控情形却与原子弹爆炸极其相似，只不过反应堆的爆炸威力比起原子弹要大为逊色罢了，原理却完全相同，因此从发生事故的核电站材料中可以推导出中子输运的规律。

1963 年初，在理论部全体科技人员的共同努力下，终于完成了包括结构、尺寸和材料等在内的原子弹理论设计模型，邓稼先在原子弹爆炸原理设计方案上郑重地签上了自己的名字。从受命之日起，邓稼先在短暂而又漫长的 4 年间带领同事

---

① 陈鲁民：《邓稼先对周恩来总理有个终生“遗憾”——一两粮票》，《解放军报》第 7 版，2012 年 1 月 19 日。

们成功完成了原子弹的理论总体设计方案。在九院的保密室里，至今还保存着邓稼先当年使用过的100多个笔记本，这其中凝聚着邓稼先的心血。

1963年初春某天的凌晨，聂荣臻元帅办公室的电话铃声响了起来。他拿起电话，听筒里传来周总理亲切的声音："通知九院的同志们，咱们要召开一次特别的科学大会。"聂荣臻元帅紧接着问："总理啊，开会讨论什么呢?"总理掩饰不住地笑着说："哈哈，会议的主题只有一个，那就是吃肉!"放在今天来说，"吃肉"没有什么可以大惊小怪的，但在当时而言却非同一般，别说"吃肉"，一般人连白米、白面都很少吃。两天以后，邓稼先与钱三强、王淦昌、彭恒武、郭永怀等核物理科学家一起走进人民大会堂的一个小宴会厅，只见餐桌旁边早已围坐着许多著名的科技界人士，却并没有看见会议桌。就在人们交头接耳、纷纷猜测的时候，掌声突然响了起来，只见周总理和陈毅、聂荣臻两位元帅脸上带着笑意一起走了进来。聂荣臻元帅举杯致辞，感谢大家的到来，同时宣布这次会议的主题只有一个：吃肉。直到这时，大家才恍然大悟，原来周总理这次把奋战在

原子弹研制战线上的科学家们召集起来是为了向他们表示慰问和感谢，因此才召开了这次以“吃肉”为主题的特别“会议”，顿时宴会厅里响起热烈的掌声。

宴会正式开始了，在座的科学家们个个都是心潮起伏，对周总理和元帅们充满感激之情，迟迟不肯动筷子，见此情景周总理和陈毅元帅来到各个餐桌旁招呼大家尽情吃肉。当陈毅来到邓稼先的身边时，邓稼先突然感觉紧张起来，拿筷子的手也微微抖动起来。陈毅见此情景，平时就喜欢开玩笑的他幽默地说：“同志哥，这样可不能夹到大块肉的。”接着他问邓稼先：“那个东西啥时候能响啊？”邓稼先一时间不知该怎样回答，王淦昌教授在一旁替他回答说：“请元帅放心，我们正在准备爆轰冷试验。”陈毅元帅听了之后向科学家们拱拱手说：“太好了！我这个外交部部长就靠你们给撑腰了，搞出尖端来，我的腰杆就硬，嗓门也就更响了。”接着，陈毅元帅又来到邓稼先面前，伸出手来要和邓稼先握手，邓稼先紧紧握住了他的手。陈毅元帅笑呵呵地对邓稼先说：“年轻人，蛮有力气嘛，看你不声不响的，有的是潜在力量啊！”

第八章
再接再厉领导核武器研究

原子弹爆轰冷试验

在原子弹理论设计方案完成后，下一步就要着手进行验证原子弹设计原理的一系列试验，同时根据理论设计模型来制造原子弹。为此“吃肉”会议结束后不久，理论部又成立了一个专门小组，负责联系实验和生产。这个小组由主任邓稼先和第一副主任周光召亲自领导，他们轮流给这个小组每星期讲 2～3 次课。在具体实验方面，首先进行的正是王淦昌教授所说的爆轰冷试验。爆轰冷试验是相对于热核爆炸而言的，并非字面上寒冷的意思，其目的是检测通过常规爆炸产生的中子能不能达到引发热核爆炸的临界点，从而触发链

式反应，引起热核爆炸。这就好比用火柴来燃放爆竹一样，达到核爆临界点的中子就如同划着了的火柴。

1963 年初春时节，冷试验的指挥部就设在冰雪覆盖的长城脚下的一个山洞里。小时候，邓稼先曾经很多次登上过长城，但这一次他站在长城脚下，仰望蜿蜒盘旋的长城时心里有着说不出的激动。长城是我们民族智慧的结晶，是中华民族勤劳勇敢、不畏强暴，盼和平、谋求发展的优良传统的实物见证，它象征着中华民族坚不可摧、永存于世的意志和力量，是中华民族的骄傲，也是整个人类的骄傲。可是，落后是要挨打的，曾几何时，长城在外敌入侵下变得千疮百孔。崛起了的中华民族在中国共产党的领导下迎来了改天换地的崭新时期，充满无穷智慧的中国科学家正用科技建造着新的“长城”。

爆轰冷试验是非常危险的，为了找到激发核爆炸的临界点这一关键数据，许多核物理学家曾经付出了生命的代价，也正因此这个临界点的数据一直都是核武器的最高机密。美国核物理学家哈里达格尼安在进行一次冷试验时不小心拨弄到可裂变物质，引发起链式反应，不过几分之一秒，他的右手便被核辐射渗透，致使射线穿透了他的皮肤和内脏，仅仅 1 个小时后他便不幸死去。

邓稼先十分清楚冷试验可能潜在的巨大危险，但越是如此他越要坚持出现在第一线，越是危险的地方越能看到他的身影，这给在现场工作的科学家和技术人员带来了极大的心理安慰。在为进行冷试验而紧张准备期间，邓稼先总是无声无息地站在现场，操作工人换班他不换，有时一站就是一天一夜，生怕出现任何纰漏。在填充火药时为了防止发生意外必须在山洞里进行操作，当时因经费紧张没有给现场的工作人员配发必要的防毒面具。在场的人都非常清楚，拌药桶里不断冒出的粉尘和蒸汽对身体是有很大伤害的，但他们都没有退却。亲临现场指挥的邓稼先趁人不注意，偷偷拿着搅拌棒要去拌药，被眼明手快的李觉院长及时发现后给制止住了。

到了冷试验准备的最后关头，工程师要把电缆的焊头接好，以便进行远程起爆。由于紧张，工程师的手直哆嗦，邓稼先一直陪伴在他的身旁给他壮胆。当时天气阴沉，刺骨的山风不断怒吼

着扑向洞口，邓稼先解开军大衣的纽扣，敞开衣襟为工程师挡住冷风。接头焊接完毕后还要插上雷管，这项工作风险极大，如果发生意外，旁边的人将立刻化为气体。邓稼先一直等工程师插好最后一根雷管之后才一同离开现场。随着邓稼先一声令下，长城脚下的山洞里响起了沉闷的爆炸声，后经测试仪器检测，确认邓稼先他们的理论计算是完全正确的。

荒漠戈壁上盛开的“马兰花”

马兰花是茫茫荒漠戈壁上常见的耐寒耐旱植物，与胡杨、梭梭树、红柳和芨芨草等其他几种耐寒耐旱植物有所不同的是，它是名副其实的花，相传是天宫仙女给人间送来的快乐花。马兰花花色绚丽夺目却又毫不张扬，在蛮荒之地默默地绽放着，它不像妖艳的桃花那样招摇，也不像凌霜的寒梅那样孤傲，更不像温室中的花朵那样娇嫩。邓稼先以及一大批的原子弹研制者就如同这盛开的马兰花一样，在荒漠戈壁上默默地奉献着自己最美好的青春年华。

在进行过原子弹爆轰冷试验之后就要着手进

行热核爆炸试验了，这样的试验不能再在北京郊区进行了，必须选择人烟稀少的地方。很快邓稼先随同九院的同志一起从北京迁移到青海湖畔。相较于北京郊外而言，坐落在青海湖畔的原子弹研究基地的自然条件要恶劣得多，这里高寒缺氧，年无霜期仅仅 40 天。生活条件也十分简陋，邓稼先他们刚来的头几年都是住在帐篷里，连床都没有。每逢狂风大作时，他们只能待在帐篷里躲避，即便这样当狂风过后人人都是满嘴的沙子。有一次，邓稼先他们在一阵狂风刮过之后钻出帐篷却看到外面停着的军车和平常不大一样了，贴近了仔细一看才发现军车绿色的漆皮全被夹带着砂石的狂风给打光了。由于处于高海拔地区，昼夜温差极大，每到晚上睡觉时许多年轻人都害怕钻那如同冰窖一般寒冷的被窝，夜里从被窝中冒出的热气遇冷直接凝结成霜，常常会将头发和被头冻在一起。到了夏日虽然夜间不用再受冷，但室外几十度的高温烘烤也让人几乎难以承受。

当时依然是国家比较困难的时期，再加上自然条件恶劣，路况又极差，后勤保障极为困难。研究基地的科技人员每天只能就着酱油汤下饭，

油水极少，粮食定量也比较低，经常吃不饱。由于风沙无孔不入，他们吃的馒头常常夹杂有沙子，吃起来会不时发出清脆的声音，吃的水也是苦水。一米八个头的邓稼先很快就出现全身浮肿。有一次工作到深夜时邓稼先实在饿得撑不住了，突然有个同事变戏法似的拿出几个火烧来，顿时大家哄抢起来，邓稼先为人憨厚老实，又身为领导，必须时刻做好表率，因此他不愿也不能和大家争抢，可看到大家狼吞虎咽的样子，他觉得更加饥饿难忍了，终于忍不住说道：“你们吃，也给我留一小块吧！”……远在数千里之外的妻子许鹿希听说“那边”（青海原子弹研究基地。为保守机密当时邓稼先并未向许鹿希透露具体的名称和方位）没吃的，每当有同事从“那边”来，她总是马上骑着自行车，用自己节省下来的粮票买些油茶面、糖果等托人带过去。收到同事捎回来的这些食物后，邓稼先总是会与大家一起分享。有一回捎来了一盒饼干，邓稼先把饼干全分给了大家吃，自己却将盒子里剩下的饼干末儿倒在嘴里。

邓稼先担心年轻人无法承受如此严酷的生活和工作环境，总是想方设法做好年轻人的思想安抚工作，调动起他们的工作积极性。在从事紧张科研工作的同时，邓稼先利用空余时间尽量丰富年轻人的娱乐生活。他发明了一种名为“双抠”的扑克新玩法，在院里很快便传开了，被称为“院牌”。为了帮助年轻人活动手脚，邓稼先在室外风雪交加无法活动时常常组织大家在室内玩“跳马”，他几乎每次第一个当“木马”，弯下腰、手扶膝盖让年轻人一个一个接连从自己背上跳过去。有一次大家正在玩“跳马”游戏时被李觉将军看到了，他笑着将伏在地上的邓稼先一把扶起来，连连赞叹邓稼先真是一个“娃娃头儿”。

国家一穷二白时能够为科学家提供的工作和生活条件是今天的人们所无法想象的，物质的匮乏，技术的落后，还有粮食的短缺以及封闭的环境，都成为摆在科学家面前的严峻考验。邓稼先他们正是在如此恶劣的自然和生活条件下战天斗地、勇往直前的，他们充分发扬了大无畏的革命精神和无私奉献精神，争分夺秒地开展工作。与此同时，参与核武器研究和制造的其他单位也是捷报频传。1964 年初，时任核工业部部长刘杰在国防各工业部部长会议上郑重宣布：“告诉大家一

个好消息，核材料铀-235，已经研制出来了。”如果说邓稼先率领的理论部制定出的原子弹理论设计方案是做菜的菜谱的话，那么铀-235就是很好的食材，高明的厨师有了它就可以按照菜谱做出美味佳肴了。

在邓稼先所在的理论部以及其他各个部门的共同努力下，中国第一颗原子弹试验模型终于在青海高原上诞生了。这个试验模型的构造十分精巧，不能经受剧烈的振动，稍有不慎便有可能引发爆炸，因而怎样将它运送到指定位置就成了一道难题。最后，科学家们想到了一个办法，他们将一个新沙发改造成了四人抬的大轿，将模型放到轿内安全地抬到了试验场。①

1964年6月6日，原子弹试验模型试爆成功，邓稼先主持的原子弹理论设计方案得到进一步验证。真正的第一颗原子弹也已在1964年5月制作完成，由于它的外形是圆的，所以科学家们给它起了一个亲切的名字叫“邱（球）小姐”。

第一颗原子弹的爆炸地点选在渺无人烟的新

---

① 《邓稼先：埋名戈壁28年》，《福建侨报》第3版，2009年12月14日。

疆罗布泊核试验基地。此前苏联派来的专家曾经想把核武器试验基地设在距离千年文化古城甘肃敦煌50里外的地方，但是这一提议遭到当时首任基地司令张蕴钰将军的否定。张将军认为这一选址距离居民区太近，而且对汇聚了中国古文化重要典籍和精美壁画的敦煌以及美丽富饶的河西走廊造成毁灭性的伤害。张蕴钰将军骑上骏马，亲自带领一队人马经过长达数月的艰苦勘探后最终决定将核试验场区选在新疆罗布泊地区。这一地区地势平坦，周边到处是沙漠戈壁，而且常年吹西风，遭到核辐射污染的沙子大部分会被吹向沙漠腹地，不会对东部的居民密集区造成太大的伤害。同时由于这一地区没有耕地和牧场，人烟稀少，移民搬迁难度不大，地下也没有发现具有开采价值的矿藏资源，因此是进行核试验的最佳场所。但由此也给罗布泊蒙上了一层神秘的面纱，被人们称为“魔鬼之域”。

1964年初秋时节，各种测试原子弹爆炸效应的建筑物、坦克、大炮、汽车以及猴子、猪等活体动物都已逐渐布置妥当。当时美国的卫星侦测到了荒漠上突然出现的这些异常物体，知道中国正准备着手进行原子弹爆炸试验。从美国后来解密的文件中我们得知，早在 1964 年 9 月，美国“泰罗斯”号侦察卫星已经侦测出中国很快就要进行原子弹爆炸试验。美国国防部和联邦调查局迅速将这一紧急情报呈送给美国总统和参谋长联席会议。情报中这样写道：

> 一列神秘的车队沿着戒备森严的公路，朝核试验场开去。千百顶军用帐篷，像是雨后的蘑菇，一簇簇、一片片钻出地面。测试原子弹爆炸效应的一排排坦克、榴弹炮、卡车排成了长蛇阵。各种碉堡出现在沙丘之上。高楼、砖屋以及各种建筑物在大戈壁构成了一条长街。作为爆炸效应物的狼狗、白兔以及乱蹦乱跳的猴子也相继走进长街。
>
> 在那条沙漠长街中央，耸立着一座高 30 米的钢骨塔架，电焊的弧光在高空闪烁着一串串蓝色的火花……
>
> 上述所有迹象都表明中国即将爆炸第一颗原子弹。

当时美国总统竞选连任成功的约翰逊在看到

报告后多次派人去联络苏联驻美大使，让他转告赫鲁晓夫，以促成美苏联手展开军事行动，炸掉中国位于新疆的原子弹基地，试图联合起来将中国的原子弹扼杀在摇篮里。但赫鲁晓夫并不相信中国能成功爆炸原子弹，他认为没有苏联的帮助，中国人是不可能造出原子弹的。可以说，正是赫鲁晓夫的自负给了中国按照预定计划爆炸第一颗原子弹的机会。

面对时刻可能爆发的战争威胁，中共中央的高层领导人中曾经有人提议暂停核试验，但毛泽东等领导同志却认为在做好应对随时可能到来的战争准备的同时要尽早进行原子弹试验。因此，原子弹的爆炸准备工作并没有受到太大影响，依然在有条不紊地进行着。事实上自中国决定研制原子弹以来，并非第一次遭受到战争的威胁。

早在1963年8月5日，美国、苏联和英国这三个已经拥有核武器的大国为了限制其他国家拥有核武器，在莫斯科共同签署了《禁止在大气层、外层空间和水下进行核武器试验条约》。他们的主要目的就是为了巩固核垄断地位，阻止包括中国在内的其他国家拥有核武器，中国和法国这两个

无核大国都拒绝在条约上签字，这使得美国总统肯尼迪极为不满。肯尼迪准备于1963年11月在得克萨斯州进行公开演讲时宣布对中国研制核武器施加压力，在必要时以武力破坏中国的核武器基地，最终迫使中国取消核武器研究计划。然而，肯尼迪做梦也没想到的是，就在这次旅行途中他遇刺身亡了。

面对西方国家咄咄逼人的战争威胁，毛泽东当机立断，既然原子弹是用来吓唬人的，就要早响。于是中共中央决定，我国第一颗原子弹将在1964年国庆15周年前后爆炸。与此同时，核试验场区也做了周密的部署，在加强防空防御力量的同时，为了防范美国发动突然袭击而采取了大分布式的布置，主要核装置在临试验时再运达试验场区。临近预计爆炸的八九月间夜里，在试验场区上空经常能够看到美国的侦察卫星。周总理在获悉这一情况后叮嘱原子弹爆炸总指挥张爱萍将军做好隐蔽工作。

1964年8月30日，核试验场区对原子弹从运输、装配、控制、测试到侦察、取样、回收、洗消等各个环节都进行了全面预演。临近爆炸时，周总理几乎天天要拨打专线电话询问相关情况，要求大家工作要做扎实，认真做好预演训练。

1964年9月3日，周总理又把张爱萍、刘西尧和邓稼先等人召集到中南海西花厅，他直截了当地问邓稼先：“稼先同志，放响这个‘大炮仗’的把握有多大?”邓稼先语气十分坚定地回答：“根据前期所做的预演试验来看，这个‘炮仗’一定能放响!”

亲临现场指挥原子弹爆炸

在原子弹试爆的前几天，邓稼先和王淦昌、郭永怀等人乘坐总指挥张爱萍将军派来的专机到达核试验基地。中国第一颗原子弹和美国一样采用的是铁塔爆炸方式，美国是在30米高的铁塔上爆炸第一颗原子弹的，中国是将原子弹放置在102米高的铁塔上，塔身采用的是无缝钢管结构。1964年10月14日19时19分，重达3吨的原子弹被小心翼翼地吊起后安放在塔顶一个纯金属打造的小屋内，在它旁边还放有3000余台各式仪器。在一切准备工作就绪之后，人们不无担忧地问邓稼先：“老邓，能行吗?”邓稼先神情凝重却又态度坚毅地对众人说：“该考虑的都考虑到了。”[①]

15日，中共中央下达了代号为“投篮”的命令，这个命令代号是在基地篮球运动员的建议下取的，是要把铀和雷管与原子弹的其他部分装配起来。这些原子弹的关键部件都存放在基地的装备车间，根据命令只有5个人能够进入车间，完成最后的装配任务。15日午夜，整个原子弹全部装配完毕。为了确保起爆前原子弹的绝对安全，安全保卫部门要求基地在装配的前后，不准开动任何电力，实行严格控制，不准进行其他任何炸药的安装工作。

10月16日13时30分，赵维晋携带着几十个沉甸甸的雷管顺着铁梯爬上塔顶。邓稼先和往常一样亲临现场指挥，他在塔下告诉赵维晋不要慌，要慢慢来。一切准备就绪，原子弹爆炸进入了最后倒计时。全部人员撤离了基地的现场，前往23公里之外的试验现场控制室。在控制室里，第九研究院院长李觉将铁塔控制室的钥匙交给了张震寰。

14时40分，张震寰按照计划发出口令：

---

① 林儒生：《至今热血殷犹红》，《兵器知识》第6期，2006年。

“加电!”

“开机!”

“预热!”

距起爆还有10秒钟进入倒计时,“10,9,8,7……”当数到“0”时,只听张震寰一声令下“起爆!”主操作员韩云梯有力地按下了牵动人心的最后一个按钮。

在一段极为短暂的寂静之后,突然,铁塔那里迸发出强烈的耀眼的闪光,紧接着升腾起一个巨大的火球,冲击波如同飓风般席卷开来,随后,又传来了惊天动地的爆炸声。渐渐地,火球与地面冲起的尘柱连成一体,形成了一朵极为壮观的蘑菇云。① 在场的人们看到这一幕后,潮水般涌出地下指挥所,挥动着帽子兴奋地欢呼起来:“中华人民共和国万岁!”人们激动地跳跃着,把衣服、帽子纷纷抛向天空,彼此紧紧地拥抱着,祝贺着。现场总指挥张爱萍将军目睹了整个过程,但他仍然不敢相信自己的眼睛,他要求在场的科学家马上作出科学的判定:“这是核爆炸吗?”王

---

① 《揭秘中国第一颗原子弹爆炸》,《发明与创新》(综合版)第10期,2009年。

淦昌给出了肯定的回答。张爱萍立即接通了北京的电话，这一天，周恩来总理正时刻不停地等待着罗布泊传来的消息。电话铃一响，周总理立即拿起话筒：“我是周恩来。”“总理，我是张爱萍，我们的原子弹已经爆炸成功，蘑菇云已见到了！”“好！我将立即报告毛主席。”这就出现了本书开头的那一幕，整个人民大会堂宴会厅沸腾了，人们为这一重磅消息而欢欣不已。

亲临现场指挥的邓稼先在原子弹爆炸成功后也不禁喜极而泣，他只想到无人的地方痛哭一场。普通人在电视上看到火箭发射时，每当听到 10，9，8，7……的倒数，都是激动兴奋的，觉得挺有意思。但对邓稼先而言，原子弹爆炸的前一秒绝对是沉重到了极点的时刻，为了这一刻他承受着常人无法想象的心理压力。

当晚，在罗布泊核试验基地的大食堂里举行了盛大的庆功会餐。邓稼先这位我国第一颗原子弹理论方案的总体设计师与他的“辣椒”们一同坐在一张不那么引人注意的餐桌旁，他的内心极不平静。当他走到“一号桌”向诸位老将军、老一辈科学家敬酒时，眼里含着热泪，孩子般的微笑着。

1964年10月16日15时，中国人将永远记住这一时刻，中国第一颗原子弹爆炸成功了，从此中国迈进了原子核时代。神州大地一片欢腾，特大喜讯传遍了祖国的各个角落，巨龙腾飞，震动了整个国际社会。无数中国人涌上街头，如同庆祝盛大的节日一般。饱尝外国人侵略欺凌的老一辈人更是激动万分，他们十分清楚祖国有了原子弹意味着什么，意味着在这块历经沧桑、饱受屈辱的土地上再不会有八国联军入侵、“九一八”惨案和南京大屠杀……中国第一颗原子弹的爆炸成功证明了新中国的强大实力和中国科学家的聪明智慧，也向全世界证明了中国不是弱国，中国人从此站了起来！中国第一颗原子弹的爆炸成功打破了当时美、苏、英等大国的核垄断和核讹诈，确定了中国的大国强国地位，有效避免了世界大战的再次发生，对世界上的敌对势力产生了强大的威慑，同时也为我国培养和锻炼了一大批人才，为日后国家建设打下坚实基础。

在原子弹爆炸成功当天，中国政府即向世界发表公开声明，郑重表明中国政府关于核武器的

严正立场：中国进行核试验，发展核武器是被迫而为的。中国政府一贯主张全面禁止和彻底销毁核武器。中国发展核武器，是为了防御，为了保卫中国人民免受美国发动核战争的威胁。同时中国政府郑重承诺：中国在任何时候、任何情况下，都不会首先使用核武器，不对无核国家和无核地区使用核武器。这与美、苏等核大国动辄以使用核武器威胁其他无核国家形成了鲜明的对照，进一步表明了中国爱好和平、反对战争的一贯立场。日本记者这样写道：“在中国罗布泊这团蘑菇云的辐射下，人类的战争即将放慢脚步。”

中国第一颗原子弹成功爆炸时，美国时间恰好是凌晨 3 点，此时正在梦乡中的美国总统约翰逊被人叫醒，他在得知这一惊人消息后立刻就问美国中央情报局：“其他国家对此有什么反应?”得到的回答是世界很多国家都出现了不同程度的惊慌。约翰逊总统为了安抚美国人的惊慌情绪，随后在电视广播中发表了公开讲话：“大家不要慌张，红色中国爆炸的所谓原子弹非常拙劣，比起美国的原子弹实在是差得太远了。中国要达到做核武器的能力，恐怕还得 20 年。”然而，当中国原子弹爆炸产生的蘑菇云飘散到美国阿拉斯加上空时，美国原子能委员会通过飞机抓取蘑菇云取样，经化验分析后发现，中国的核燃料是威力巨大的铀-235，而并非约翰逊所宣称的那样是钚-239。他们经过分析验证后认定，中国第一颗原子弹的爆炸当量远远超过美国投在广岛、长崎的两颗原子弹的总和。

美国国务卿腊斯克称不能过分低估中国这次核试验可能产生的巨大影响，这将会长久地增强中国在世界上的威望。美国中央情报局强调称据可靠情报，斯堪的纳维亚半岛国家在得知中国第一颗原子弹爆炸成功的消息后已经提出是接受中国加入联合国的时候了。时任法国总统蓬皮杜也对此发表了高论，他认为："顷刻之间，中国在世界上的地位发生了变化，（联合国）不得不承认中华人民共和国的那一天，为期不远了。"

美国政府也不得不在公开场合正式承认中华人民共和国。在爆炸成功一个月后，在中美大使级第123次会谈上，美国代表第一次使用了"中华人民共和国政府"这个称谓。

中国第一颗原子弹爆炸成功后，杨振宁便想

回祖国看看，但由于当时的国际国内政治形势限制始终未能成行。1971 年，杨振宁表示自己想回国探亲访问。由于此时中美尚未建交，因此杨振宁必须借道与中国有外交关系的法国才能够办理签证。当时周总理事先通知中国驻巴黎的大使馆工作人员，为杨振宁申请到中国的入境签证并开辟绿色通道，尽快予以办理。杨振宁对此并不知情，他以为至少需要一周时间才能办理好签证，因此在酒店预订了一个星期的房间，但他没有想到的是很快便办理完毕。随后杨振宁马上订好从巴黎飞往上海的机票，飞回了阔别 26 年的祖国，他也成为中华人民共和国成立后来华探亲的第一位美籍华人。当杨振宁飞抵上海后，外事接待人员请杨振宁开列出他想要见到的朋友名单时，他写出的第一个人就是邓稼先。

在首都机场，杨振宁一下飞机就看到等候在那里的邓稼先，在两人简短的交谈中，杨振宁敏锐地感觉到邓稼先似乎有着难言之隐，当问到他的工作情况时，邓稼先显得有些支支吾吾，避而不谈。他问邓稼先在哪里工作，邓稼先不好回答，只好说是在“京外单位”，杨振宁听了之后不明就里，问他弟弟杨振汉“京外单位”是什么单位，杨振汉笑着说根本就没有这样的单位。聪明的杨振宁意识到这一点后，便小心地绕开了这一话题。

在杨振宁离开北京时，邓稼先又赶到机场去给他送行，在两人依依惜别时杨振宁终于忍不住绕着弯子问了这样一个问题：“稼先，我在美国听说中国的原子弹是美国科学家帮着研制的，是不是真的?”邓稼先一时之间感到难以回答。无论回答有还是没有都等于暴露出自己参与了原子弹制造，知道原子弹研制的内情，如果说不知道又感觉对不起老朋友。在邓稼先左右为难之际，正好飞机快要起飞了，他就对杨振宁说：“你先上飞机，我以后再告诉你。”

邓稼先在送走杨振宁后将这一情况向上级做了汇报，上级领导又请示了周总理，周总理电话通知邓稼先要如实告诉杨振宁，除了早期得到过苏联专家的一点点帮助外，后期中国研制原子弹没有一个外国人参与，更不用说核潜艇了。邓稼先遵照周总理的指示写信给杨振宁，派专人立即送到上海。杨振宁在收到来信时正在参加为他举行的饯行宴会，他当场拆开信件阅读。信中写道：

"振宁，我现在告诉你，中国人的原子弹完全是中国人自己研制的。……"

其实早在 1964 年中国原子弹爆炸成功以后，美国报纸上就刊登出参与研制中国第一颗原子弹的科学家名单。虽然邓稼先的名字用的是英文缩写，但杨振宁立刻便想到肯定是他。后来，许鹿希曾经问过杨振宁，为什么仅凭着英文缩写就那么肯定是邓稼先，杨振宁回答说他知道邓稼先攻读博士时选择的就是理论核物理专业，而且他认为美国报纸是不会编一个名字恰好和邓稼先同音的。但杨振宁心里一直有个疑问，中国的原子弹是不是在外国人的帮助下才研制成功的？在他阅完邓稼先的来信后，确认了是中国人凭着自己的智慧研制成功的，不禁热泪盈眶，赶忙离开宴会厅到洗手间去擦眼泪，为中华民族同时也为邓稼先参与研制成功核武器感到无比的自豪和骄傲。

马不停蹄地投入氢弹研制

早在邓稼先率领研究团队完成原子弹总体理论设计方案之后不久，1963 年 9 月，聂荣臻元帅就已下达命令，让他带领原班人马继续开展中国第一颗氢弹的理论设计工作，中国第一颗氢弹的代号叫“639”。1965 年又调入于敏等一批核物理科研骨干力量加入其中。

氢弹的爆炸原理与原子弹有着极大的不同，因而不能简单地将原子弹的理论设计方案移植过来，一切都必须重新开始。原子弹是通过原子核的一连串裂变，即链式反应来释放出巨大能量的，氢弹则是将两个原子核聚合在一起形成一个原子核，在聚合的过程中释放出巨大的能量。如果说它们之间有什么联系的话，那么最大的联系就在于点燃氢弹必须要用原子弹，在原子弹爆炸的一瞬间产生高温高压来促成核聚变的形成，诱导氢弹爆炸。打个比方，原子弹好比是火柴，氢弹则好比是爆竹，这也是为什么不能跳过原子弹直接研制氢弹的根本原因所在。

邓稼先作为理论部主任，对氢弹的理论设计负有直接领导责任。他领导理论部的科学家们夜以继日地探索氢弹的理论设计方案，大家集思广益产生的各种方法、奇招都要在邓稼先的主持下进行鉴别和选择，最终制定出具体的初步方案。在初步方案制定完成后，邓稼先决定将研究人员

分成几组，分别在计算机上进行数据运算，从中探索研制氢弹的可能途径。

1965 年冬的一天深夜，一名警卫员立在计算机房门口一直没有离去，有人见到后问他为什么不去睡觉，他回答说要保护老邓。这个人告诉警卫员今天晚上邓稼先肯定是不会回去了，让他先去睡。原来，由于氢弹理论设计工作已经进入关键环节，邓稼先常常深夜还在计算机房里工作。像这样通宵达旦地工作对于邓稼先来说早已是家常便饭、习以为常了。到了计算的最紧要时刻，他常常白天黑夜连轴转，困了就睡在机房的地板上。

与此同时，国家为了促进氢弹研究早日取得突破，特别批准他们使用在上海的也是我国唯一一台大容量计算机进行计算。理论部副主任于敏率领一组科技人员于 1965 年 9 月赶赴上海，利用那里的高性能计算机进行计算。很快，于敏他们便有了重大发现，解决了热核材料自持燃烧这一关键问题。于敏马上给远在北京的邓稼先打电话报告相关情况，在通话中他这样说：“我们几个人去打了一次猎……打上了一只松鼠。”邓稼先马上明白他们有了重大的发现，接着问道：“你们美美地吃了一餐野味?”“不，现在还不能把它煮熟……要留做标本……但我们有新奇的发现，它身体结构特别，需要做进一步的解剖研究，可是……我们人手不够。”“好，我立即赶到你那里去。”为了保密，两人在通话时使用的都是暗语，邓稼先明白于敏在上海所要完成的研究任务，因而两人自然心有灵犀一点通，但不知内情的人显然会丈二和尚——摸不着头脑。第二天，邓稼先便飞往上海。大家一见到邓稼先来了，都高兴地围上来要他请客，于敏也凑着热闹要让“财神爷”犒劳大家。当天晚上，邓稼先带领众人到一家餐馆美美地吃了一顿螃蟹。①

邓稼先原本只打算在上海停留三天，以便赶赴青海参加即将召开的九院科研、生产两年规划会议。但在听了于敏的汇报后他觉得事关重大，临时决定多停留几天。当听说设计的氢弹模型威力可以达到的 TNT 当量时，他要求再加大一些。于敏等人又设计了一个威力更大的模型。之后邓稼先同科研人员一起通过计算机进行计算，结果

---

① 《于敏：隐姓埋名 30 年，曾与邓稼先对暗号》，《钱江晚报》，2015 年 1 月 10 日。

很好。邓稼先又组织理论部的专家和研究人员对新的氢弹原理设想方案展开了反复讨论，使得方案更加完善，被视为突破氢弹的重要途径，后来这一方案被称为“邓-于方案”。

邓稼先和于敏将这一方案向二机部领导作了汇报，刘西尧副部长支持他们马上进行冷试验。随后进行的几次冷试验都验证了方案正确无误。“邓-于方案”经试验验证后，周总理领导的中央专委很快便决定接着再进行两次热试验。

1966 年 5 月 9 日，进行了首次氢弹热试验，由轰炸机进行空投，验证氢弹的热核材料，取得了圆满成功。

1966 年 12 月 28 日，再次进行了氢弹热试验，验证热核爆炸的基本原理，又取得了成功。

两次热核试验的成功证明“邓-于方案”是切实可行的，在此基础上由 15 人组成的中央专门委员会讨论后决定进行多级热核弹试验。

1967 年 6 月 17 日，罗布泊蔚蓝的天空上飘着几朵白云，一切都显得那么和谐宁静。在核试验场上，邓稼先的心却在剧烈地跳动着，因为今天精心装扮的氢弹“新娘”就要“出嫁”了。

8时20分，随着干净利落的“起爆”命令发出后，在靶区上空氢弹准确地投了下来。紧接着，降落伞顺利打开，挂在伞下的氢弹缓缓下降。

邓稼先屏住呼吸，密切注视着靶区上空出现的白色圆柱体——那个在“文革”期间用他们的心血培育出来的“新娘”终于要“出嫁”了。8时20分10秒，那个飘向远方仅剩下一个小白点的氢弹准时爆炸了。只见那个小白点突然闪出一道白光，照亮了整个天宇，紧接着白光中又出现了一团金色，形成了一轮“新太阳”。这轮“新太阳”不断翻滚着，转动着，逐渐变成了一朵巨大的“蘑菇云”。随后，人们听到了两声巨响：一是那轮“新太阳”的爆裂声；二是身后绵绵天山的回响声。

“成功了!”“胜利了!”在场的科学工作者、工人、军人们都欢呼起来。此时此刻，泪水模糊了邓稼先的双眼，他激动地和年轻的伙伴们抱在一起。氢弹爆炸2分钟后，发射了空中取样火箭，成功获取了分析氢弹参数的放射性微粒样品。经过技术分析，其爆炸当量和有关效应与理论设计完全相符，标志着中国核武器研究达到了新的高

度。3 个月后，小型实战化的氢弹也出厂了。

在这次空投试验中还出现了一段小插曲，执行空投任务的飞机在 7 时 40 分升空，原本计划在 8 时整投掷氢弹完成空爆试验，但在 8 时整飞机到达预定空域后却没有投下氢弹，而是转了个弯后又飞走了。亲临现场指挥的聂荣臻元帅马上询问出现了什么情况，空军指挥员报告说："飞行员操作中少了一个动作，请求再飞一圈儿。"20 分钟后，飞机再次飞到预定空域，这次成功投下了氢弹。原来，执行投弹任务的机组人员承受着巨大的心理压力，太紧张了，在前一天夜里一刻也没睡着，到了预定空域后他还一直默念着毛主席语录，影响了注意力，以至于忘了按下自动投掷器。负责投弹的机组人员尚且如此，领导研制氢弹的邓稼先所承担的压力更是可想而知了。

从研制第一颗原子弹到氢弹的研制成功，美国用了 7 年零 4 个月，苏联用了 6 年零 3 个月，英国用了 4 年零 7 个月，法国用了 8 年零 6 个月，而中国仅用了 2 年零 8 个月的时间，比起美、苏、英、法几个国家都要短得多，在世界上引起了不小的轰动，法新社在 6 月 18 日电中说："中国人民爆炸热核炸弹所取得的惊人成就，再次使全世界专家感到吃惊，惊奇的是中国人取得这个成就的惊人速度。”

时任法国总统戴高乐在得知中国赶在法国前面研制成功氢弹后，不禁勃然大怒，他把法国原子能署的官员和科学家们召集到爱丽舍宫狠狠地责备了一通，质问他们为什么落在了中国人的后头。

参与中子弹研究

邓稼先在领导原子弹和氢弹爆炸成功后，并没有停止前进的步伐，紧接着又开始了对第三代核武器中子弹的研究。中子弹是 20 世纪 70 年代出现的新式核武器，是在氢弹基础上发展而成的，相比氢弹而言它加大了中子效应，减弱了冲击波和热辐射，不仅能够在减小对物质破坏力的前提下保持对生物体的杀伤力，而且能够穿透 30 厘米厚的钢板，使得装甲车或者坦克在外观保持完好无损的情况下消灭里面的人。中子弹对于电子系统的破坏力也是非常之大。一颗千吨 TNT 当量的中子弹在百米高空爆炸后，距离爆心 2 千米范围内的人员将无一幸免，侥幸存活下来的人在一个

月内也会死于放射病。中子弹相比原子弹和氢弹的优势就在于它对建筑物和其他军事设施的破坏都很小，不会在使用后让城市变成一片废墟，但对于敌方人员的杀伤力却非常大，而且还不会带来长期的放射性污染，被称为“干净的武器”。因此，非常适合攻击入侵本土的敌军坦克和装甲集群，从而在我方损失极小的情况下有效地阻击敌方的进攻。中子弹的另一大优势是可以做得很小，甚至能够放在手提包内。正因为有着如此明显的优势，美国在 1977 年 6 月底中子弹研制成功后，到了 1983 年已经实现了量产，一共生产了 945 枚带有中子弹弹头的战术导弹。

1984 年底，担任中国核武器设计院院长的邓稼先参加了验证中子弹原理的核试验，这是他一生中最后一次出现在核试验的现场。这次试验的成功，标志着中国第三代核武器的研制取得了重大突破。

在进行这次试验的半年前，久久没有在学术会议上公开露过面的邓稼先参加了一次学术讨论会，在这次会议上他遵照周总理生前的嘱托做了主题发言，强调“我不爱武器，我爱和平；但为了和平，我们需要武器”。同时他还郑重表明了中国研制第三代核武器的决心：“如果说，原子弹、氢弹是大规模毁灭性进攻武器的话，那么，新一代的核武器则是一种有效的战略防御武器，周总理生前曾经称它是‘扼杀武器的武器’。它对于保卫国防具有更重要的价值。这个‘扼杀武器的武器’，我们一定要遵照周总理的嘱托搞成它。外国人可以做到的，我们一定可以做到。”邓稼先的发言引起了与会人员的强烈共鸣，会场上爆发出雷鸣般的掌声。

在这次试验中，年满60岁的邓稼先依然像往常那样出现在试验的第一线。他的身体不仅非常虚弱，而且还出现了便血的症状，在走路时也常常是上气不接下气。有一次，他不得不伏在两位同志的肩上才到达目的地。同事们认为邓稼先身体不适可能是水土不服导致的。邓稼先自己也毫不在意，认为可能是痔疮和低血糖等常见病，感到疲倦难耐时就吃上几块糖。高潮副院长提醒他要注意身体，恐怕不是痔疮那样简单，邓稼先却转移了话题，没有把自己的身体疾病放在心上，而是一心投入到试验的准备中去。

这次试验是在一口直径 2 米、深 600 多米的地下竖井中进行的，这口竖井是工程兵冒着严寒在冰天雪地中挖掘出来的。马上就要在竖井中安装核装置了，邓稼先亲临现场指挥。在等待井下消息的过程中他虚脱数次，同事们劝他回去休息，他却严肃地拒绝了。为了不因脱水而倒下，邓稼先将盐和糖放进茶杯里大口地喝下去，不断地补充盐分和水分。

核装置被徐徐放入井下，各种测试仪器开始启动，科技人员突然发现有个信号测不到了，于是商量对策，一直从深夜讨论到天亮。邓稼先在听了相关情况后决定亲临现场查找问题。此时戈壁滩上狂风呼啸，气温在零下 30℃左右，在场的科技人员看邓稼先太疲倦，纷纷劝他回去休息，但邓稼先却严词拒绝了，直到故障排除后他才和众人一起离开现场。在试验成功后召开的庆功会上，邓稼先因劳累过度晕了过去，经过一夜抢救才苏醒过来。

在这次试验中，邓稼先他们第一次观察到预期的中子主体点火和燃烧的新现象，这也标志着我国的中子弹研究有了重大突破。邓稼先沉浸在试验成功的喜悦之中，忘却了身体的病痛。

第九章 长期遭受核辐射而身患癌症

平时不断"吃剂量"

自从法国科学家亨利·贝克雷尔发现天然放射性物质并与居里夫妇共同荣获1903年度诺贝尔物理学奖以来，人类逐渐对于微观世界加深了认识，促成了原子核物理的诞生和发展。然而，科技是一把双刃剑，它在给人类带来便利的同时也会给人类造成伤害。放射性物质镭、钚和铀等自从被发现之后，一方面在医学上得到广泛运用而造福了人类，但另一方面也给人类带来深重的灾难，尤其武器化以后更是如此，同时这也给参与研究的人员带来了严重的身体损伤。现代医学研究已经证明，核辐射可以引发白血病、甲状腺癌、

多发骨髓瘤以及不明原因的肿瘤等多种恶性疾病。核燃料放射性钚-239 的半衰期很长，在自然界中需要上万年，进入人体后很容易被骨髓吸收，半衰期长达 200 年。钚的毒性也十分强烈，仅仅 1 克重的钚就可以毒死 100 万只鸽子。

居里夫人后来死于过度辐射而引发的再生障碍性贫血，她的实验记录簿也受到了强烈的放射性污染，甚至就连她使用过的菜谱也保持着长达 50 年之久的放射性污染。

在日常的试验中，核物理学家经常会受到核辐射的伤害，他们管这叫“吃剂量”，而“吃剂量”达到一定程度后最大的危险是可能患上癌症。

邓稼先从事核武器理论设计工作，并不需要每天直接接触核材料，按照常理而言是不用经常“吃剂量”的。但责任心极强的他却并不愿天天待在办公室里，而是经常亲临加工车间及试验场区，哪里最危险，他便会在哪里出现。邓稼先由此掌握了大量第一手的材料，积累了丰富的经验，也因此在很长一段时间里几乎天天“吃剂量”。他先后 15 次冒着被核辐射伤害的危险亲临现场指挥核试验，久而久之对他的身体造成了严重的伤害。

其实不仅邓稼先经常出入的密闭车间有辐射，就连整个试验场区由于经历过数十次的核爆试验，已经到处都有遭到核辐射的危险。核试验形成的放射性气溶胶会污染空气，随着空气流动而影响到距离较远的居民区。由于参与核试验的人员为数众多，加之当时的防护装备严重缺乏，使得许多人受到核辐射的影响而留下后遗症，甚至对于后代也产生了影响。

一位在核试验基地服役时间长达 23 年的老兵，女儿一出生就被诊断出患有脊髓内肿瘤，医生诊断发现正是核辐射造成的。这位老兵当年从事的工作是在核试验结束后进入核爆区收回各种试验物件和监察各种仪器，以便让有关方面及时掌握核爆情况。由于长期暴露在核辐射环境中而导致身体受到核污染诱发后代病变。罗布泊长期以来便是军事禁地，除了保密的需要外，主要也与其有着强烈的核辐射危险有关。随着近年来一些军事禁地的解禁，以及“楼兰古城”等景点的陆续开放，越来越多的游客慕名来到罗布泊游览参观，而在穿越罗布泊之后全车都需要经过仔细地冲洗，这是由于罗布泊的沙子大多都带有辐射

性。如果不及时清洗的话，恐怕游客也会像当年从事核爆试验的科学家们一样每天“吃剂量”。

有一次，邓稼先和几位同事一起去查看一种新型材料的测试结果，不料这种新材料的辐射力非常强，当他们打开密封罐时一下子受到了超过身体可承受剂量数百倍的辐射。然而，对于邓稼先的身体造成更大危害的却并非这一次。

氢弹空投失败导致严重辐射

1971 年，在一次氢弹空投试验中，氢弹并未像预想中的那样按预定时间发生爆炸，天空依旧是晴空万里，众目期待中的蘑菇云无影无踪。由于这次进行的是大当量的氢弹空爆试验，各大军区都派师级以上的高级军事将领来观看。大家一时间面面相觑，都愣在了那里，当他们回过神儿时却发现邓稼先不见了。原来，这次核试验是邓稼先签字的，而签字就是向国家保证试验必须成功，所以此刻他心急如焚，急迫地要冲到核爆区一看究竟。

关于邓稼先此次亲临现场检测核弹头摔落时导致身体遭受严重辐射的情况，也有人质疑过。

《读者》2001年第7期上就曾有人发表过一篇题名为《段子·房东·不被消化掉的人》的文章，作者自称是当年核试验基地火箭取样组的成员，参加过那次氢弹试验，知道试验失败的内情。他认为有些文章中所写的邓稼先很快找到核弹头，并用手将它捧着出来纯属是不切实际的“段子”。他给出的理由是核弹头有数吨重，即便是炮弹头也有数十公斤，因而邓稼先根本不可能用手捧起来。同时他对中央电视台电影频道播放过的电视纪录片《邓稼先》中邓稼先因为深入氢弹爆炸现场遭受核辐射而身患癌症也提出疑问，认为这纯属胡说八道。

的确有些文章做了不实宣传，邓稼先不可能用双手捧起核弹头。另有文章说是邓稼先他们首先找到氢弹头，这也不符合实际。通常情况下一旦核试验成功完成，院长邓稼先及九院的参试人员就会撤离现场，后续事宜由核试验基地的其他部门来处理。只有在试验失利的情况下他们才会留在现场协助进行事故调查，以便查明失利原因，弄清该由哪个部门承担责任。

在进行氢弹空投试验前，已经有大批的防化

兵集结待命，预备试验发生不测时紧急出动。在氢弹爆炸失败后，防化兵们迅速接到了一个紧急命令，让他们马上出发，一定要找到那颗未爆炸的核弹头。防化兵们自知此次行动危险重重，但他们没有丝毫犹豫。防化大队马上调集全场所有的越野车，对防化兵们进行编组，每台车乘坐 4 人，携带一部辐射侦测仪和一部电台开赴靶区展开搜索。整个靶区面积有近 10 平方千米，在这么大的区域里要想找到摔碎的核弹头绝非易事。指挥员沉着应对，在地图上将靶区划分为 9 个相等的方格，每个方格大约 1 平方千米，然后命令所有越野车一字排开，相互间隔 20 米左右，以每小时 15 千米的速度展开搜索。从靶区中间开始搜查，然后再逐步向四周扩大搜索区域。为了便于夜间观察，每台车上都插着一面小白旗。同时，为了安全起见，指挥员命令所有参加搜索的防化兵都必须待在车里不准下车，在发现弹着点后马上离开。

大风扬起的沙尘使得靶区能见度极低，防化兵们无法用肉眼直接观察，只有借助仪器的读数来判定弹着点。由于靶场内已经进行过许多次核试验，因此核辐射很强，刚一打开仪器便不断听到“滴滴滴”的响声。防化兵们将各自测得的读数按照车号顺序依次上报给指挥部，再由指挥部判定哪个读数出现异常，从而确定弹着点。

戈壁滩到了夜晚地面温度已经开始大幅下降，但由于防化兵穿着厚厚的防护服，车窗又全都紧闭着，因此他们每个人都是汗流浃背，防护面具的镜片在蒸汽作用下变得模糊不清，加上车辆上下颠簸，因此读取仪表盘上的数字也十分不易。只能一手举着手电筒，一手将仪表盘贴近眼睛观看，每当车辆颠簸时仪表盘的金属外壳便会在脸上撞一下，但这时防化兵们已经顾不得这些了，在轮到自己报告时迅速地将读数报上去。

在第三次调头开始搜索后不久，有几台车先后发现读数异常，很快指挥部便据此确定了弹着点。虽然并不是由邓稼先首先发现氢弹头摔碎现场的，但负责搜寻的战士们并不清楚核弹头的详细情况，一旦处理不当，那就等于在中国的国土上安放了一颗不定时核弹，而且氢弹的爆炸威力要比原子弹大很多倍，这势必会造成重大的损失。由于邓稼先直接参与了这枚氢弹的制造过程，对于氢弹的原理以及构造和核燃料等情况最为熟悉，因此他主动要求到现场来鉴定氢弹碎片的危害情况。邓稼先作为核试验的负责人，因此他是负有重大责任的，所以他心急如焚，急切地想要弄清到底出现了什么状况，决定亲临现场进行验证。正是在现场验证这一过程中邓稼先受到了核辐射，这也成为他以后患上癌症的诱因。同邓稼先一起坐吉普车赶赴现场的副部长赵敬璞对此也十分清楚，基地的另一位领导陈彬还试图阻止邓稼先进入现场，他对邓稼先说：“老邓，你不能去，你的命比我们的值钱。”邓稼先是核物理学家，当然明白核辐射的危害，但他有着强烈的责任心，急于弄清事实真相，以免埋下安全隐患，因此才义无反顾地亲临现场了解情况。

其实，邓稼先完全可以不必亲自到现场，身为院长的他可以动用职权指派别人代替自己去查看相关情况，但邓稼先平时就冲锋在前，这次发生这么大的事情，他必须亲自到现场察看才能放心。要想观察核弹头是否有可能发生核爆炸意外，邓稼先必须离弹头碎片的距离很近才能看清。在强烈的责任心驱使下，邓稼先不顾一切地拿起一块破碎的弹片，经过仔细检验后，邓稼先确认没有发生核爆。在这一过程中邓稼先遭受到严重的核辐射。经查证后发现这次试验失败的原因是氢弹从飞机中被投出来后，大降落伞没能打开，致使数吨重的氢弹直接从高空自由落体摔到地面上。氢弹摔碎的范围有半个足球场大，整个弹头完全碎了。在核弹落地处出现了一个大坑，周围空气和地面都被有毒的放射性元素所污染。虽然邓稼先在进入弹着点时穿着厚厚的防辐射装备，但由于置身于氢弹摔落的中心地带并且亲手接触了碎弹片，因此受到钚气溶胶的严重内照射剂量。①

邓稼先对于核辐射可能给自己的身体造成的损害已经有所预感，为了保密起见他平时很少拍照，但这次却破例和同在现场的二机部副部长赵敬璞拍了一张合影。几个月后，基地在进行防核污染深埋处理后，由工程兵们开着推土机在弹着点四周围上了一道土坝，然后再用运输直升机将数百吨重的含铅水泥浇灌在上面牢牢地封住，形成一座“氢弹之墓”。可以说工程兵们是冒着生命

① 《邓稼先：“抱”着摔裂的原子弹》，《物理教学探讨》第 18 期，2009 年。

危险来完成这项任务的。

几天以后邓稼先回到北京，医生在给他做身体检查时发现几乎所有的化验指标都不正常，连尿液都有很强的放射性，白细胞内染色体呈现粉末状，肝脏也有损伤。邓稼先为了不让妻子担心，只是轻描淡写地说自己尿液不正常。后来，医生询问许鹿希："邓稼先吃了什么毒药？中了什么毒了？身体破坏的这么厉害！"许鹿希无从相告，但研究医学的她明白事态的严重性，她耐心地劝解邓稼先暂时放下工作去疗养一段时间，但邓稼先却以工作离不开他为由拒绝了。平日里性情温和的许鹿希为此和丈夫大吵了一架。面对妻子的恼怒，邓稼先始终一声不吭，等妻子平静后他向妻子认错并且解释，但他始终不愿放下科研工作，也没有去疗养。但之后的几年间，邓稼先的身体逐渐有了明显的变化，爬山时走到半路便浑身冒虚汗，心跳每分钟常常超过 120 次。

1980 年后，邓稼先衰老得很快。1984 年间，邓稼先感觉到自己的身体越来越差了，他预感自己再也不能像当年那样坚守在工作岗位了。趁着一次核试验的间隙，他在李医生的陪伴下来到第一颗原子弹爆炸的区域，他想再看一眼当年那座托起原子弹的铁塔残迹。邓稼先边走边如数家珍般向李医生讲起了当年自己所亲历的一幕幕难忘的情景。他还颇有兴致地和李医生谈起了这块区域的历史，他说在远古时代这里曾是一片汪洋，后来随着地质运动而逐渐抬升，因而在这里有许多蚌壳化石。突然，邓稼先用手一指，兴奋地脱口而出“铁塔”，李医生抬头望了过去，只见平躺在地上的铁塔顶端已经熔化，粗大的钢条如同麻花一样扭成一团，底部也严重变形。在塔旁竖立着一块石碑，上面刻有张爱萍将军的亲笔题词“1964 年 10 月 16 日 15 时中国首次核试验爆心”。邓稼先看着石碑，忆起往事，情不自禁，久久不愿离去。李医生见此想要给他照一张相留作纪念，但邓稼先略微迟疑后便摇头拒绝了。李医生知道邓稼先纪律观念很强，也没有再坚持。邓稼先在戈壁滩上又漫步了一会儿后依依不舍地离开了这个凝聚着他的心血的试验场。等他们回到基地后，用仪器一测鞋子，马上发出了“噼噼啪啪”的响声，鞋子已经受到强烈的核辐射，他们只好把鞋子脱下来扔掉了。

1985年7月，邓稼先接到国防科工委的通知，回北京准备参加一个高科技会议。开会前他感觉身体有些不适，妻子见状想起邓稼先以前的检测结果，便问他是不是肝脏出了问题。邓稼先告诉妻子，肝部没有不适，只是肛门疼痛得无法坐下来，排便也十分困难。许鹿希意识到事态的严重性，催着他赶快去医院检查一下。

邓稼先原本以为身体并无大碍，想着让医生开点润肠药就可以了，这样还来得及参加会议。但到医院一检查却被确诊为癌症，必须马上留院治疗。邓稼先此时尚不知自己的病情，他告诉医生还要主持一个重要会议，必须马上离开医院。但是医生回答他说，这里是医院，不是会议室。邓稼先瞬时明白了自己担心的那一天已经来到了。他无力地倒在病床上，面对妻子，他十分平静地说：“我知道这一天会来的，但没想到它来得这样快。”

1985年8月6日，医生给邓稼先做了活体组织检查手术，经过活体组织化验，邓稼先被确诊为直肠癌，而且更为严重的是癌细胞已经扩散到其他器官，病情十分严重。

1985年8月10日，医生给邓稼先做了直肠癌切除手术。张爱萍将军闻讯后天刚亮就等在手术室外，核工业部以及九院的领导也赶来了，邓稼先的妻子许鹿希眼含泪水默默守候着，大家一起焦急地等候着手术结果。切除手术很成功，但手术后的病理诊断却不容乐观，肿瘤的病理性质是恶性程度较大的低分化、浸润性脾癌，直肠旁淋巴结 7 个，全部有癌细胞转移，癌症已经到了中期偏晚阶段，这也就意味着留给邓稼先的时日已经不多了。张爱萍将军在邓稼先醒来时关切地问他有什么要求，尽管提出来。邓稼先以微弱而又平淡的声音回答说没有，希望组织上别再为他麻烦了，他不想再给国家增添不必要的浪费了。在场的人听了邓稼先的话后十分难过，一个个热泪盈眶。

卧病在床仍然心系工作

卧病在床的邓稼先最不甘心的是再也不能回到试验场上去了，但他依然关心着国家的核武器事业。在手术后的第 4 天，他就用颤抖着的手给研究院写了一张条子，让他们把材料和书籍寄到医院来，同时他还要查阅关于美国“星球大战计划”的资料和剪报，又让人给他借来了一大堆英、法、俄等多种文字的杂志。他要在病床上继续开展工作。

在这段与病魔不断抗争的日子里，邓稼先依然念念不忘从事了大半生的科研事业。医生嘱咐他必须静心养病，不能再看资料，但他让妻子帮着他把一本本厚厚的书籍藏在衣柜里，用衣服盖在上面，等医生离开后再拿出来翻阅。即使到了生命的最后时刻，邓稼先依然惦念着中国的国防事业。即便在病中他也没有停止思考，争分夺秒地要给国家的核技术发展做好长期发展规划。

邓稼先从资料数据中认识到美、英、苏三国已经达到了核武器的设计极限，并且已经可以达到计算机模拟试验的程度，不需要再进行更多的核试验。因此，美国等国完全可能通过限制别的国家试验来维持自己的核大国地位。如果其他核大国联合起来这么做，那么，对于正处在发展关键阶段的中国核武器工业来说将会有极其不利的后果。

为此，邓稼先起草了一个建议书，强调中国一定要在国际上禁止核试验之前抓紧时间完成核极限试验，否则的话中国将永远无法成为真正的核大国。当多年的同事于敏来医院探望他时，邓稼先立刻把这些想法告诉了于敏。于敏听后拍着大腿直叫好，但看着病床上的邓稼先，他难过地说：“我怕你的身体……”邓稼先从容地说：“我大概就是这么回事了吧！人，都是早晚要走的，怕的是没做完事就走了，那才是遗憾。”于敏含着热泪点头同意，邓稼先很高兴，说道：“那好，咱们一起来做这件事。这几天我大概想了几点，不是很细，我先告诉你们，你们帮我一起来完善它吧！”经过和于敏反复地讨论和修改，他又在病床上艰难地一个字一个字地斟酌，终于把建议书写成了，邓稼先郑重地签上了自己的名字。邓稼先在病房里还和于敏、胡思得一同起草了实施建议书。

1986 年 3 月 14 日，邓稼先给于敏和胡思得写了一封简短的信：

老于、胡思得：

陈常宜转告蒋部长的意见：1. 由我和老于签名上报为好，不要用院的名义上报。2. 要上报部一份。3. 此件事是十分重要的。

所以上报时，望送科委、部各一份，同时也要给院一份。不过胡思得的草稿已送到

科委，还要不要我和老于签名上报。即便不需要再送科委，也要送部一份……

1986 年 3 月 28 日，躺在病床上准备第二天进行手术的邓稼先给时任九院副院长的胡思得写了一张便条，内容是有关建议书的修改意见。

老胡：

我明天还要动一次手术，来文我看了两遍，我觉得可以了，但最后一段要同星球大战（如激光、FEL、exccime、电磁轨道）等“高技术”（现在国内所用的专门名词）联系起来申述一段，然后，由我和老于签名，抬头是核工业部国防科工委。（抄 9 院）

老邓　3. 28

完成这件事以后，邓稼先倒在床上深深地吸了一口气，自言自语道：“好了，我死也瞑目了。”邓稼先郑重其事地将厚厚一沓纸片用牛皮纸袋装好，嘱咐妻子一定要转交给国家领导人，特意交代妻子：“你可别弄丢了，那比我的性命还重要。”

这份建议书非同小可，正是凭着邓稼先的远见卓识，中国的核武器研究工作才能够继续辉煌了10年，终于赶在国际禁止核试验之前达到了实验室模拟水平。这一建议书提交给党中央后，中央领导人高度重视。在邓稼先去世后的10年中，中国按照这一建议书进行了一系列核试验。1996年7月29日，在邓稼先逝世10周年纪念日当天，中国进行了第45次也是最后一次核试验，完成了核极限试验。第二天各大报纸即刊出了中华人民共和国政府授命，从此以后中国暂停核试验。

1986年3月29日，邓稼先又做了一次活体组织检查手术。1986年5月16日，邓稼先做了第二次大手术，但在此次手术过程中，主刀医生发现癌细胞已经侵入到手术刀无法切除的要害之处。邓稼先在手术后感到自己的身体更加虚弱了，他计划抓紧写一本大约80万字的书。每天晚上8点以后等医生查过房后他就偷偷地写。

在手术后的一段时间，医生同意他回家休养，邓稼先明白这意味着自己已经到了快要跟人世说再见的时候了。他让警卫员陪同着来到天安门广场，他要再看一眼一生热爱的祖国，他静静地走在天安门广场上，在国旗旗杆的基座前，邓稼先面朝国旗，郑重地行了个礼，在这里向祖国和人民做最后的告别。面对死亡，他并没有过于伤心难过，而是决定打起精神充分利用生命的最后时刻将几件事情抓紧做完，以便毫无牵挂地告别人世。

邓稼先将自己的一生都奉献给了祖国的国防事业，但他并非好战分子，他还思索着如何和平利用核能以使其造福人类的问题。在他生命即将走向终点时曾对妻子说过，原子能的发展并不完全是搞几个原子弹、氢弹。在民用方面也有非常大的用处，比如煤矿工人井下采煤太辛苦了，将来可以用制造氢弹的原理做成很小的可控核聚变钻探机，用于煤矿钻探。然而不幸的是，邓稼先过早地被病魔夺去了生命，这样的设想只能交由后人来实现。

从 1985 年 7 月 31 日被查出癌症住院之日起，直到 1986 年 7 月 29 日因全身大出血不幸去世，邓稼先在医院里进行了三次手术，在这 363 天里他一直疼痛不止，止痛药从一天一支发展到一个小时一支，全身大面积出现溶血性出血。在美国留学的女儿从中国驻美大使馆处惊闻父亲病危的消息后立刻飞回到北京。当她风尘仆仆地闯进危重病房时，看见病危的父亲浑身插满管子，不由得痛哭起来。邓稼先在见到女儿后也掉下了眼泪。

在邓稼先确诊得了癌症后，他的老友杨振宁曾两次到医院探望。第一次探望时邓稼先精神尚好，两人在一起谈得很愉快，邓稼先把杨振宁送到了病房门口，并让妻子代自己送到楼下。在杨振宁临上车时，许鹿希向他介绍了邓稼先的病情，告诉他经医生确诊，邓稼先已经几乎不可能治愈了。杨振宁听了之后十分吃惊，不禁为邓稼先担忧起来。他在美国托人遍寻治癌良药，并请中国驻美大使通过信使送到北京。然而，这一切都太晚了，邓稼先的病情已经恶化。

1986 年 6 月 13 日，杨振宁在将要回美国之前到医院看望邓稼先。邓稼先此时已经开始出现大出血症状，看起来很是衰弱，但神智还清醒。当邓稼先看到杨振宁送上一大束的鲜花后，他意识到这是老友要与他诀别了。杨振宁和邓稼先在病房里拍摄了一张合影，照片中的邓稼先在微笑着，但是仔细观看这张照片我们便会发现，他的嘴角上还残留着未能擦净的血迹，此时他的身体正在大面积地出血。等杨振宁走后，邓稼先对妻子说振宁知道他不行了，所以特意送来一大束鲜花。

在邓稼先弥留之际，杨振宁又一次来到邓稼先的病床前，此时的邓稼先已处于昏迷状态；等他苏醒时杨振宁已经飞回美国，从而留下了终身遗憾。

不能让英雄就这样走了

党和国家领导人没有忘记邓稼先。1986 年 6 月，时任中央军委主席邓小平签署命令，任命邓稼先为国防科工委科技委副主任。1986 年 7 月 15 日，国务院副总理万里来到病房看望邓稼先，并且告诉他国务院已经决定授予他“全国劳动模范”称号，这也是“七五”计划期间的第一个全国劳动模范。7 月 17 日，李鹏副总理来到医院，代表国务院授予邓稼先全国“五一劳动奖章”。邓稼先在接到李鹏副总理要来病房看望他并授予奖章的通知后，特意服了加倍的止痛药，以便支撑着虚弱的身体来表达对党和国家的谢意。邓稼先在接受奖章后对着事先准备好的讲话手稿发表了讲话：

> 昨天万里副总理到医院看望我，今天李鹏副总理亲临医院授予“全国劳动模范”称号，我感到万分激动。
>
> 核武器事业是要成千上万人的努力才能成

功，我只不过做了一小部分应该做的工作，只能作为一个代表而已。党和国家给我这样的荣誉，足以证明党和国家对尖端事业的重视。

回想中华人民共和国成立以前，我国连较简单的物理仪器都造不出来，哪里敢想制造尖端武器。在共产党领导下解放了全国，也使科学蓬勃地开展起来。

敬爱的周总理曾亲自领导并主持中央专门委员会，集中了全国的精英来搞尖端事业。陈毅副总理说过："搞出原子弹，外交上说话就有力量。"邓小平同志说过："你们大胆去搞，搞对了是你们的，搞错了是我中央书记处的。"聂荣臻、张爱萍等领导同志也亲临现场主持试验，这足以说明核武器事业的成功完全是在党的领导下取得的。

我今天虽然身患疾病，但我要顽强地和病痛做斗争，争取早日恢复健康，早日做些力所能及的科研工作，不辜负党对我的期望。谢谢大家。①

① 罗元生：《"两弹元勋"邓稼先的最后日子》，《党史博览》第 11 期，2011 年。

李鹏副总理听完邓稼先的获奖发言后感慨不已，重病中的邓稼先不但不居功自傲，而且还这样谦逊，他深受感动，对邓稼先说：“党和国家非常感谢您这几十年来在核工业、核武器研究方面做出的贡献。您说的也对，这个事业当然是千百万人的事业。但是，我们也充分地估价您在这个核武器事业中做出的贡献。”

一天，国防科工委政治部文艺创作室的作家苏方学来医院探望邓稼先，当问及他的人生箴言时，邓稼先这样说：“我不爱武器，我爱和平，但为了和平，我们需要武器。”邓稼先生于乱世之中，青少年时代长期饱经战火袭扰，因而他十分明了落后就要挨打，为了追求和平他不得不投身于核武器的研究工作中。邓稼先对于他为之奋斗了大半辈子的中国核事业有着很深的情感，他曾经说过：“假如生命终结后可以再生，那么我仍选择中国，选择核事业。”直到临终前，他还殷殷嘱托曾一起共事的同志们：“不要让人家把我们落得太远！”

在邓稼先去世前一个月，国家决定对他解密，公开他的身份，宣传他的光辉事迹，表彰邓稼先20多年来为发展我国核武器做出的重大贡献，并号召广大科技人员向邓稼先学习，学习他艰苦奋斗、舍生忘死、不计名利、甘当无名英雄的革命精神。

在中央军委指示下，医院曾经提交了一个报告，报告中说已经无法挽救邓稼先的生命。中央军委最后做出决定，邓稼先为了研制核武器隐姓埋名一辈子，做了一辈子的牺牲，不能让他就这样走了，在去世前要对他解密。1986 年 6 月 24 日，《人民日报》《解放军报》等重要报刊同时刊发了"'两弹元勋'邓稼先"的新闻稿，将邓稼先的贡献一一呈现出来。这个时候，人们才第一次知道了邓稼先的名字，知道了他是"两弹元勋"，知道了他是中国第一颗原子弹和第一颗氢弹理论方案的主要设计者，知道他是一个英雄。

亲戚朋友们在得知这一消息后纷纷致电许鹿希表示慰问，直到这时他们才明白当年邓稼先一家之所以很少和他们来往的原因。北京医科大学的很多同事在看到新闻报道后也给许鹿希打来电话，询问她："邓稼先一辈子这么隐姓埋名，为什么这么多报纸一下子都报道出来？邓稼先出什么事了？邓稼先还活着吗？"

1986 年 7 月 29 日，邓稼先在北京溘然长逝，享年 62 岁。

邓稼先在临终前曾经留下遗言，希望自己去世后不要开追悼会，唯一的要求是在他死后将骨灰放在母亲的墓旁，以弥补自己生前无法尽孝的遗憾。早在邓稼先病危期间，国防科工委和核工业部就向国务院报送了《关于邓稼先同志身后有关治丧事宜的请示》，李鹏副总理作出批示："拟同意，请启立同志批示。稼先同志是中委，对中国核武器研制有重大贡献，应隆重悼念。"

追悼会马上就要召开了，却找不到一张可以作为遗像的照片。原来核武器研究是需要严格保密的，对照片拍摄都有严格的纪律规定，不能随便拍摄个人生活和工作照片。由于邓稼先隐姓埋名长达 28 年，与家人聚少离多，在他去世后，家人也找不到一张合适的照片，后来人们在邓稼先的档案里找到了一张证件照放大后作为遗像。

1986 年 8 月 4 日，全国各大媒体都刊登了由新华社发布的追悼会消息和悼词。悼词全文如下：

邓稼先对祖国的贡献永垂史册

中国共产党的优秀党员、杰出的核科学

家邓稼先同志，因患癌症，医治无效，于1986年7月29日在北京逝世，享年62岁。

今天，我们怀着十分沉痛的心情，深切悼念这位为我国的核武器事业无私无畏地奉献了自己毕生精力的工人阶级优秀战士、中国知识分子的杰出代表。

邓稼先同志生前是中国共产党第十二届中央委员会委员、国防科工委科技委副主任、核工业部科技委副主任、核工业部第九研究院院长、中国科学院物理数学学部委员、全国劳动模范。

邓稼先同志1924年生于安徽省怀宁县，1945年毕业于西南联合大学物理系。抗战胜利后，他在北京大学物理系任教，积极参加了中国共产党领导的反对国民党反动派的民主斗争。

1948年赴美国留学，在印第安纳州普渡大学获物理学博士学位。1950年9月，他毅然冲破重重险阻回到祖国，满腔热忱地投身于社会主义新中国的建设。曾任中国科学院近代物理研究所、原子能研究所助理研究员、

副研究员，兼任中国科学院数理化学部副学术秘书，从事原子核理论的研究，为我国核理论研究做了开创性的工作。邓稼先同志于1951年加入九三学社，1956年加入中国共产党。1958年8月调到第二机械工业部，参加组织和领导我国核武器的研究设计工作。历任第九研究院理论部主任、副院长、院长等职。

邓稼先同志为我国的核武器研制事业兢兢业业、呕心沥血，孜孜不倦地奋斗了28年。从原子弹、氢弹原理的突破和试验成功及其武器化，到新的核武器的重大原理突破和研制试验，他都做出了重大贡献。他作为主要参加者，曾获得全国自然科学奖一等奖和国家级科技进步特等奖。他是我国核武器理论研究工作的奠基者和开拓者之一，是我国研制和发展核武器在技术上的主要组织领导者之一。

邓稼先同志勤奋学习，刻苦钻研，善于团结同志，发挥众多科学家的聪明才智，博采众长，协同攻关。当外国撕毁协定后，他和同事们一起，发扬独立自主、自力更生、艰苦奋斗、发愤图强的精神，以坚定的信心，克服了种种困难，为我国第一颗原子弹试验成功立下了卓越的功勋。后来又突破了氢弹技术难关，成功地爆炸了第一颗氢弹，为打破超级大国的核垄断，增强我国的国防力量，保卫世界和平做出了不可磨灭的贡献。

邓稼先同志担任第九研究院院长后，致力于核武器的改进、发展工作。他尊重科学，实事求是，严格按科学规律办事，从理论设计、加工组装、实验测试到定型生产，总是尽力深入到第一线考察了解情况，遇到重大问题，无不亲临现场指挥、处理。他始终遵照周恩来同志“严肃认真、周到细致、稳妥可靠、万无一失”的批示对待每一项工作，绝不放过一个疑点。他常常在关键时刻，不顾个人安危，出现在最危险的地方，充分体现了身先士卒、奋不顾身、勇担风险的崇高献身精神。

邓稼先同志是一位核物理学家，他不仅有深厚的理论基础，而且有广博的实验、技术知识。他对核武器这个多学科的庞大系统

工程有全面的了解。他勇于开拓，富有探索精神。他不仅是一位善于把理论和实践相结合，把科学和工程技术相结合的科学家，而且是一位出色的科研工作组织领导者。

邓稼先同志从青年时代起就立志报效祖国。他热爱党，坚决贯彻执行党的正确路线、方针和政策。他坚持党性原则，有高度的组织纪律观念。他在政治上，思想上，处处以共产党员的标准严格要求自己。他作风正派、廉洁奉公，数十年如一日，一心扑在工作上，做到了全心全意为人民服务。

邓稼先同志作风民主，密切联系群众。他顾全大局、谦虚热忱、平易近人。他担任领导职务，但从不以领导者自居。他善于倾听别人的意见，注意团结同志，时常关心青年的成长和提高，受到同志们的敬重和由衷的爱戴。在党的领导下，他和老一辈科学家们培养和带领出一支有高度事业心、作风严谨、团结协作、勇于攻关的科技队伍。

邓稼先同志长期忘我工作，不为名、不为利，甘当无名英雄，默默无闻地奋斗了数十年，积劳成疾，他在病重时仍念念不忘我国科技事业的发展，为发展我国的高科技献计献策。邓稼先同志真正做到了他经常讲的“一不为名，二不为利，但工作目标要奔世界先进水平”。他的名字虽然鲜为人知，但他对祖国的贡献将永载史册。他不愧是中华民族的好儿子，不愧是中国共产党的优秀党员，不愧是中国知识分子的优秀代表。他的不幸逝世，是我国人民、我国军队和我国科学技术事业的一大损失。今天我们悼念他，要化悲痛为力量。要学习他为了祖国的强盛，为了国防科研事业的发展，身先士卒，勇担风险，奋斗不息，舍生忘死的献身精神；学习他不计名利，任劳任怨，埋头苦干，甘当无名英雄的崇高品德；学习他对工作精益求精，极端负责，处处以国家利益为重的高度政治责任感；学习他治学严谨，谦虚谨慎，平易近人，深入实际，团结群众的优良作风。我们要继承他未竟的事业，加倍努力，为了祖国的四化大业，为攀登科学技术高峰，继续拼搏，开拓前进！

邓稼先同志永垂不朽！①

邓稼先生前曾朝夕相处的九院同事们怀着无比悲痛、崇敬的心情献给他一支挽歌。

怀念邓稼先院长

天府杨柳塞上烟，
问君此去几时还？
实验场上惊雷动，
江河源头捷报传。
不知邓老今何在？
忠魂长眠长江畔。

邓稼先生前一同工作过的同事们不仅是工作中的行家里手，而且各个充满才情。他的老同事杜祥琬为悼念邓稼先赋诗一首：

悼老邓

和平岁月未居安，一线奔波为核弹。
健康生命全不顾，牛郎织女到终年。

---

① 《邓稼先对祖国的贡献永垂史册——张爱萍在邓稼先同志追悼会上致的悼词》，《计算物理》第 4 期，1986 年。

酷爱生活似顽童，浩瀚胸怀比草原。
手挽左右成集体，尊上爱下好中坚。
铸成大业入史册，深沉情爱留人间。
世上之人谁无死，精忠报国重天山！

张爱萍将军满怀深情地写下了悼念诗作：

功勋泽人间

踏遍戈壁共草原，
二十五年前。
连克千重关，
群力奋战君当先。
捷音频年传，
蔑视核讹诈，
华夏创新篇。
君视名利如粪土，
许身国威壮河山。
哀君早辞世，
功勋泽人间。

邓稼先的岳父，已经90岁高龄的许德珩老人在挽幛上写下“稼先逝世，我极悲痛”这八个大字。

1986 年 8 月 11 日《北京周报》外文版第 29 卷第 32 期的封面印上了邓稼先的彩色照片，在照片下方题有 CHINA’S FATHER OF THE A-BOMB（中国原子弹之父）。

1986 年秋，中央军委委托八一电影制片厂军事片部摄制了纪录片《“两弹元勋”邓稼先》，此片在 1987 年 8 月建军 60 周年时在全国各大电影院同时公开放映，使得全国各族人民了解到邓稼先做出的卓越贡献。与此同时，军事博物馆在举办建军 60 周年展览时专门设立了“‘两弹元勋’邓稼先”专栏，并且还陈列了邓稼先的半身塑像。

1987 年 10 月 23 日，邓稼先逝世一周年后，杨振宁专程来到八宝山为他扫墓。分别一年后两人已是阴阳相隔，杨振宁难掩悲痛，他在邓稼先的灵台前放上花篮，深深鞠躬之后伫立良久。在次日的《人民日报》上刊登了题为“重洋万里隔不断，同窗友情胜兄弟——杨振宁到八宝山为邓稼先扫墓”的通讯报道。在《人民日报》海外版上这样写道：“著名美籍华裔物理学家杨振宁今天下午来到八宝山革命公墓，祭奠与他有着半个世纪深厚情谊的挚友邓稼先。因病不幸于去年故世的邓稼先，是中国著名的核物理学家。他一生默默耕耘，为中国掌握原子弹、氢弹等核武器做出了卓越贡献，被誉为核弹元勋。他与杨振宁原籍安徽，自 1936 年在中学相识以来，二人一直引为知己。”

1994 年 10 月 21 日，在绵阳人民公园的邓稼先广场上隆重举行了邓稼先铜像揭幕仪式，这座铜像的基座为不锈钢柱体，高 4.5 米。时任国务委员宋健和四川省副省长李蒙为塑像揭幕。这里成为爱国主义教育基地，人们纷纷到这里来瞻仰铜像、拜祭邓稼先。

1999 年，中华人民共和国 50 周年庆典之际，党中央、国务院、中央军委隆重表彰为我国“两弹一星”事业做出突出贡献的 23 位科学家，追授邓稼先“两弹一星”功勋奖章。

2002 年 1 月，上海知识大道雕塑群面向观众开放，其中设有包括邓稼先在内的“两弹一星”群英雕塑。

杨振宁撰写的《邓稼先》一文入选 2007 年版的中学语文教材。2008 年邓稼先被选为“中国十大传播科技优秀人物”。

2009 年 9 月 10 日，在中央宣传部、中央组织部、中央统战部、中央文献研究室、中央党史研究室、民政部、人力资源和社会保障部、全国总工会、共青团中央、全国妇联、解放军总政治部这 11 个部门联合组织的“100 位为新中国成立做出突出贡献的英雄模范人物”和“100 位新中国成立以来感动中国人物”的评选活动中，邓稼先被评为“100 位新中国成立以来感动中国人物”之一。

2009 年为庆祝中华人民共和国成立 60 华诞，中共江苏省委宣传部、中共四川省委宣传部和四川峨眉电影制片厂联合拍摄了纪录片《邓稼先》。2015 年 7 月 7 日，邓稼先故居被列为首批九三学社全国传统教育基地。

2013 年 4 月，清华大学学生主演的话剧《马兰花开》上演，向以邓稼先为代表的老一辈科学家致敬。该剧一共演出了 5 轮 22 场，观众达 3 万余名，有力地宣扬了以邓稼先为代表的核武器科研人员的光辉业绩和战天斗地的豪迈情怀，展现了科研人员无私奉献的人格魅力和自强不息的科研精神，起到了良好的宣传效果。

第十章
邓稼先所具备的优良品格

有方向的人生

邓稼先的一生是有方向的，他生前说过："一不为名，二不为利，但工作目标要奔世界先进水平。"正如同张爱萍将军在邓稼先追悼会上的悼词中所说的那样，他不愧是中华民族的好儿子，不愧是中国共产党的优秀党员，不愧是中国知识分子的优秀代表。

1985 年，邓稼先被确诊患有癌症住院治疗期间，杨振宁特意从美国赶回来到医院看望他。在两人谈话期间，杨振宁也曾向邓稼先提出过获得多少奖金的问题，在现场旁听两人谈话的许鹿希替丈夫回答说奖金 10 元。邓稼先接过话茬纠正说

奖金是 20 元，原子弹和氢弹各 10 元。杨振宁闻听此言，难以置信，觉得他们是故意在开玩笑。许鹿希神情严肃地再次确认这是真的，不是开玩笑。原来，1985 年国家颁发原子弹特等奖金时的奖金总数是 1 万元，九院在分配这笔奖金时却遇到了难题，因为原子弹是集体之力完成的，单位决定奖金平均分配，但由于参与原子弹研究工作的人数太多，在院里垫上了十几万元后才按照 10 元、5 元和 3 元这三个等级分发下去。①

虽然当时的物价水平较低，10 元的奖金也只不过能买几十斤面粉，相对于邓稼先他们所做出的巨大贡献而言是微不足道的，但邓稼先却从未对此有过任何怨言。对于他而言，奖金不过是身外之物，他早已决心将自己有限的生命投入到保家卫国的伟大事业中去。为此，即便是粉身碎骨也是值得的。正如张爱萍将军在悼词中所说的那样，邓稼先“视名利如粪土，许身国威壮河山”，“功勋泽人间”。

杨振宁也为邓稼先的精神深深打动了，邓稼

① 《邓稼先最高奖金仅 20 元》，《中国组织人事报》第 7 版，2013 年 9 月 9 日。

先去世后，他在悼文中慨然写道："邓稼先是中国几千年传统文化所孕育出来的有最高奉献精神的儿子。"

邓稼先去世后，国家科技成果办公室追授"原子弹的突破及武器化"和"氢弹的突破及武器化"两个特等奖，奖金共计1000元。还有突破中子弹等另外两个特等奖各1000元。邓稼先的家属把这些奖金全部捐给九院设立的科技奖励基金会。

邓稼先生前有一次到杭州开会，有位工程师劝他，凭他的水平和资历完全可以过上舒坦一点的生活，到国内外名胜到处转转，讲讲学，观观光，为什么要一直守在如此艰苦的岗位上。邓稼先一边欣赏着西湖的美景，一边回答说到处转转当然好，但一个人总要多为人民干点事。在游览到岳飞墓时，邓稼先特意站到刻有"精忠报国"四个大字的石碑前，让同伴帮他照了一张相。

邓稼先从来不摆官架子，无论他的官职有多高，普通科技人员都是以"老邓"相称。在九院理论部里，在主任邓稼先的带领下，同事关系十分融洽。只要他在场，每逢请客吃饭必定都是他，因此大家都亲切地称他为"财神爷"。

邓稼先为了中国的核事业，投入了全部身心，他难道不会像有的人那样去享受生活，去爱惜自己的身体吗？他只是不去计较这些罢了。在邓稼先离世 20 多年后，同事们仍然有一个强烈的印象，邓院长的衣着甚至不及一个普通老农，除了当年北京西街口的狗不理包子，他不知道世上还有什么好吃的。

邓稼先一家起初住在九院分配的一套两居室的楼房里，后来调到一套三居室，直至他去世时也没有再进行调换。本来按照政策，邓稼先在被任命为国防科工委科技委副主任后已经是副部长级，有资格搬到部长公寓，但他始终没有搬。家里的家具、摆设等十分简单，除了书架、桌子、床和两个单人沙发外别无他物，而这对沙发还是 1971 年为了接待杨振宁，单位特意送来的。原来，在得知杨振宁要到邓稼先家里做客后，上级组织部门马上派人将邓稼先居住的宿舍装修了一番，不仅从办公室抬来了沙发，还在破旧的地板上打了蜡，打磨衣柜后又装上了镜子，之后又买来了西瓜、汽水和巧克力，以免让杨振宁看到邓家过于寒酸和简陋而感觉中国政府对于科学家不够重视。然而，细心的杨振宁还是看出了端倪，他一眼看到书架上没有一本物理学方面的书籍，突然意识到了什么，问邓稼先："这是你的家吗?"邓稼先见杨振宁已经识破，便只好回答说："这是夫人医学院的宿舍。"

邓稼先对自己的住房从未提过任何特殊的要求，但对下属的住房情况却始终放在心上。1984年10月16日是中国爆炸第一颗原子弹20周年纪念日，这一天中央高层领导来到研究院慰问核科学家们。当中央领导问起是否有什么难处时，邓稼先向领导汇报了一个副研究员一直住在没有窗子的房子里的情况，引起了中央领导的高度重视。很快，中央领导作出批示，在院子里盖起了四栋新楼，极大地改善了研究院科研人员的居住条件，但在别人兴高采烈地搬入新居时，邓稼先却依然居住在原来的旧房子里。

有一个记者想要到邓稼先家里采访他的家属，到了邓家附近后，他兜了好几个圈子也没有找到，最后选择了一幢最好的房子以为就是邓宅了，推门一问才知道是幼儿园。在邓稼先去世后，经常有记者到家中采访许鹿希，他们在亲眼看到简陋的家具摆设之后无不感到惊讶。有的记者要求许鹿希将邓稼先的生活照片提供给他们，再由他们通过照片合成把背景换成豪华的居室或者庭院，以此来宣传邓稼先幸福的家庭生活。许鹿希断然拒绝了这一无理要求，认为这是对邓稼先的侮辱。邓稼先不幸逝世后，许鹿希陷入巨大的悲痛中，为了留住对丈夫的记忆，她将丈夫用过的器具都标注上年代和使用日期，在丈夫去世以后家中的摆设还保持着当初的模样。

邓稼先去世后，中央领导人在慰问许鹿希时问她有什么困难和要求时，许鹿希只提出了一个请求，她希望能够派个医疗队给核试验基地的同志们检查身体，他们的生活太苦了，医疗条件也太差了。许鹿希为人处世十分低调，她不愿借着丈夫的名声出风头，多次拒绝了报社、电视台记者的采访。有一次，一名记者到许鹿希家里，向她表明来意想让她接受拍摄采访，没想到平时和蔼可亲的许鹿希突然板起了面孔，态度坚决地对记者说："我已经说过了，绝对不行！我接受拍摄采访只有一次，是在《两弹元勋——邓稼先》的电影片子里稍微讲了几句，那是中央军委下了命令我才说的。我们所追求的是另外一种东西，希望你们理解。”同时她也对记者详细说明了她之所以拒绝的理由：“对邓稼先，并不是所有人都能理解的。有些人的方式就很不妥当，譬如人家要把邓稼先搞原子弹的事拍成他与我许鹿希的爱情故事，他们感兴趣的是我们为什么在一起，是怎么谈的恋爱。我不愿理睬这些专门搞花絮的俗气的人。稼先是个很庄严的知识分子形象，不能被歪曲成儿女私情。”

常言道：每个成功的男人背后都有一个伟大的女人，邓稼先的夫人许鹿希就堪称是伟大的女人，正是她在背后默默地支持才让邓稼先没有了后顾之忧，可以一心一意地从事自己所热爱的科研事业，取得了彪炳史册的卓越贡献，成就了有方向的一生。

纯粹的品格

邓稼先是一个最不要引人注目的人物，和他交谈几分钟便能看出他是个忠厚平实的人，他待人真诚、毫无私心，一生喜欢“纯”字所代表的品格，或许正是他的纯，使他身上的智慧之光愈加明亮。虽然邓稼先出身于书香世家，但他是最有中国农民朴实气质的人，不仅工作踏实勤奋，而且还从不计较名利得失。邓稼先的气质和品格使他能成功地领导各层级许许多多的工作者，为中华民族做出了历史性的贡献。人们都知道他没有私心，因而绝对相信他。杨振宁非常敬重邓稼先，他这样评价邓稼先："邓稼先是中国的帅才，他能得到中国领导人的绝对信任，也能得到群众的绝对信任，这是非常非常不容易的。"

邓稼先的官职虽然越来越大，但他却毫无官气，从不摆官架子，始终是平易近人、和蔼可亲，能够将各个阶层的工作者团结在一起，因而选择邓稼先来主持中国原子弹的理论设计工作的确是有着远见卓识的。

在看到邓稼先的塑像时，人们可能会想，这个人有什么特点呢？与邓稼先有着半个世纪友情的杨振宁先生见解十分深刻，他曾经盛赞中国选择邓稼先去研制原子弹是一个英明的决策，他说："我很佩服钱三强先生推荐邓稼先去做原子弹的研究工作，因为中国的人才很多呀，他为什么推荐邓稼先呢？我想，他当初有这个眼光，指派了邓稼先做这件事情，现在看起来，当然是非常正确的，可以说做出了一项大的贡献。因为他必须对邓稼先的个性、能发挥作用的地方有深切的了解，才会推荐他。而这个推荐是非常对的，这和后来整个中国的原子弹、氢弹工作的成功有着很密切的关系。”杨振宁还说：“如果你问我，中国现在找了邓稼先这个人，这个人又做得很成功，他有什么特点使得他会这么成功？那我觉得很简单，他的一个非常大的特点，在我们做学生时就已经很清楚了，就是他在任何场合下，都会使人觉得，他是一个没有私心的人。邓稼先是一个很聪明的人。不过，我想他的最重要的特点，是他诚恳的态度和不懈的精神，以及他有对中国赤诚的要贡献他的一切的这个观念。我想，他受命于中国政府要造原子弹、氢弹这件事情，根据我对邓稼先的认识，我可以想象到，他会全力以赴。而且他有一个十分重要的特点，这个特点我想是很少有人能够做到的，就是他能够使同事们百分之百地相信，他是为了国家而不是为了他自己。正因如此，人们尊敬他，而且也能够仿效他尽量地去掉私念，而以整个的中国国防事业为最重要的目标。

我想，这是邓稼先的个性和特点。”

邓稼先平时对自己要求很严格，他公私分明，从来不搞特殊化，在出差时也想方设法地降低开支。1984 年 1 月，邓稼先去北京汇报工作，当他听说飞机前后舱价格相差 40 元钱时，便特别嘱咐要买后舱的票，能为国家省一点就省一点。按照规定，他是可以享受专车待遇的，但邓稼先却总是骑着自行车上下班。有时由于公务繁忙，他必须坐车赶往机场或者火车站，每当这时他从不挑三拣四，无论是小轿车、吉普车还是卡车，只要能把他送到目的地就行。有一次，他坐在卡车的驾驶室里赶往机场，机场警卫人员从未见过首长坐卡车来机场的，因此对他盘问了大半天，直到邓稼先亮明身份后才予以通行。

身为九院院长的邓稼先是我国第一颗原子弹及第一颗氢弹的理论设计负责人，是核武器研制工作的领导者和奠基人。他肩负重任而又不负众望，经常身先士卒、冲锋在前，在最危险的地方总会有他的身影。邓稼先常说一句话：“在我们这里没有小问题，任何一件小事都是大事，小问题如果解决不好就会酿成大祸。”正是有了这样严谨的科学态度，才使他所主持的核试验每次都能化险为夷。他任院长期间使核武器的研究工作能得以顺利进行，是有一套自己的制胜法宝：第一，他把粗略估计和正确计算相结合；第二，理论与实践相结合；第三，提倡学术民主，大力协同；第四，严格的学术管理。邓稼先都做得非常好。邓稼先的物理直觉，数学见地，卓越的胆识，稳健的风格，都证明他是完全可以登上物理学高峰的人。

忍辱负重搞科研

“文革”初期，有一次邓稼先从核试验基地回到九院，他从楼道里张贴的大字报上了解到院里的人员已经分成了两派。邓稼先经过一番思索后想到了说服两派的办法。他先把正在张贴大字报的一派召集到办公室，对他们说：“我有个重要消息要发布。”另一派得知后也推门冲了进来，只见邓稼先不慌不忙地说：“你们来得正好，我原先就准备召集你们大家一起来看一份重要材料的，只是因为你们坐不到一块，所以就决定分开看。这下大家都在，就请哪位外语好的同志给念念吧！”

两派人听邓稼先这么一说，都禁不住起了好奇心，不知有什么重要消息要发布。在听了所念的材料后，众人才明白这是法国计划要在 1967 年爆炸氢弹。邓稼先语气沉重地说："你们都知道，如果法国人成功了，他们就是世界上第四个拥有氢弹的国家，如果我们赶不上他们，可就是当老五了！所以我心里急得没办法，你们帮我出个主意吧。咱们一定要赶上和超过法国啊！"邓稼先的一席话激起了热烈的反响，虽然两派的见解和立场不同，但他们都是爱国的，他们在"赶上法国，超过法国"的观念上是完全一致的。两派最后达成统一意见，放弃争斗，团结一致地完成科研课题，由此使得氢弹研制得以继续进行，从而创造出氢弹研制的奇迹。1966 年 12 月底中国进行了氢弹原理试验，1967 年 6 月 17 日中国第一颗氢弹爆炸成功。

"文革"期间，邓稼先和他的家庭都受到了严重的冲击和伤害，但他却从不怨天尤人，依然无怨无悔地为祖国默默奉献着。

虽然 1966 年"文革"初期，毛泽东决定国家研制核武器的基地和人员不能受到冲击，但随着

“文革”的深入，即便是邓稼先他们所处的核武器研制部门也受到波及。科学家们人心惶惶，科研工作陷入半停顿状态。有人借口在三次小试验中没有测得预估指标，将邓稼先、于敏等人集中到青海办“学习班”，名义上是要让他们接受“学习”，实际上却是要借机批斗。然而事后证明，所谓三次失败的小试验本身并没有问题，只是当时的检测手段比较落后没有检测出来。退一步说，既然是试验就难免会有失败的可能，而每次试验都关系到几万人的辛勤工作，涉及数千万元乃至上亿元的巨额投资，由此便不难想象邓稼先在原子弹和氢弹大大小小的试验中所承受的巨大压力，而“造反派”抓住这一点大做文章更是让邓稼先他们如履薄冰、人人自危。他们煽动不明真相的工人群众批判和围攻这些核武器专家，要求邓稼先等人必须交代核武器研究的关键数据。邓稼先十分清楚这些得来不易的关键资料都是国家的最高机密，一旦交出来就可能给国家的核武器事业乃至国家安全造成巨大的损失和危害。他和其他科学家共同商定，无论发生任何情况都必须严守秘密，绝不能把重要的科研成果和关键数据

泄露出去，在不得已时只提供一些无关紧要的数据资料。

邓稼先在“造反派”的严密监视和管制下时刻都有生命危险。恰逢此时杨振宁飞回中国，点名第一个要见他，在上级的安排下这对阔别 20 余年的老朋友在北京首都机场终于相见。这次的久别重逢让两人都感到十分激动，也正是这次见面将邓稼先从“学习班”的批斗中解救出来。由于邓稼先是杨振宁最想要见的人，周恩来总理亲自下令一定要找到，最终几经波折找到了正在“学习”的邓稼先。回到阔别多年的家里时，邓稼先身着已经褪色的旧灰布制服，脚上穿的是一双沾满尘土的旧解放鞋，蓬头垢面、形容憔悴。可以说正是杨振宁无意中解救了邓稼先，也间接“帮助”了中国的核武器研究事业。自此之后，青海核基地再未有一个科学家受到过迫害。①

许鹿希 1990 年到美国和杨振宁谈起这件事时，杨振宁不由得大吃一惊，他从未曾想到与邓稼先在 20 年前的那次见面能够起到如此大的作

---

① 《邓稼先走“麦城”》，《中国科学报》第 6 版，2015 年 5 月 8 日。

用。身为中共党员的许鹿希尽管没有宗教信仰，但她始终觉得冥冥之中上天让杨振宁救了邓稼先一命。

每当杨振宁来华，只要条件许可他都要见见邓稼先，两人一块叙叙旧。两人在一起的时候很有趣，和在崇德中学读书以及西南联大读书时一样，从来都是邓稼先听，杨振宁侃侃而谈。邓稼先问杨振宁，某个科研方面，外国某个地方是这样做的，那些研究做到了什么程度？杨振宁就会毫不保留地认真回答，谁做到了什么程度，怎么做到的，碰到过什么问题，用什么办法解决的。有时候碰到要紧的地方，或是说不清楚了，他们就在纸上写出公式来。在那个年代，邓稼先通过杨振宁了解到世界顶尖物理实验室的种种信息，两人沉浸在科学的乐趣和少年的情趣中。在两人畅谈的过程中，杨振宁得知邓稼先非常喜欢京剧和交响乐，便特意从美国带给他一张贝多芬的《第六交响曲》的密纹唱片。

邓稼先逝世已经30多年了。在这30多年里，神州大地发生了翻天覆地的变化，伟大的中华民族在中国共产党的领导下正在以崭新的面貌屹立于世界民族之林。身处和平年代的我们不应忘记邓稼先等老一辈科学家们所做出的卓越贡献，这30多年宝贵的发展期离不开中国核武器的保驾护航，让中国得以避免卷入战争风潮之中。